Oldenbourg Interpretation
Band 50

Oldenbourg Interpretationen
Herausgegeben von
Klaus-Michael Bogdal und Clemens Kammler

begründet von
Rupert Hirschenauer (†) und Albrecht Weber

Band 50

Heinrich von Kleist

Das Erdbeben in Chili/
Die Marquise von O …

Interpretation von
Hartmut Kircher

Oldenbourg

Die Seitenzahlen in Klammern beziehen sich auf die Einzelausgabe:
Heinrich von Kleist, Die Marquise von O .../ Das Erdbeben in Chili, Stuttgart 1987
u. ö. (= Reclams Universal-Bibliothek Nr. 8002)
Alle anderen Kleist-Texte werden zitiert nach der folgenden Ausgabe:
Heinrich von Kleist, Sämtliche Werke und Briefe. 2 Bände, München (Hanser) 1965.
Die römische Ziffer gibt den Band an, die arabische Zahl die Seite.

Zitate sind halbfett gekennzeichnet.

Die Deutsche Bibliothek – CIP-Einheitsaufnahme

Kircher, Hartmut:
Heinrich von Kleist, Das Erdbeben in Chili, Die Marquise von O ... :
Interpretation / von Hartmut Kircher. – 2., überarb. Aufl. – München :
Oldenbourg, 1999
    (Oldenbourg-Interpretationen ; Bd. 50)
    ISBN 3-486-88649-5

Bei den Zitaten, Literaturangaben und Materialien im Anhang ist die neue
Rechtschreibung noch nicht berücksichtigt.

2. überarbeitete Auflage 1999 R E
Druck   03   02   01   00   99
Die letzte Zahl bezeichnet das Jahr des Drucks.

Umschlagkonzept: Mendell & Oberer, München
Typografisches Gesamtkonzept: Gorbach GmbH, Buchendorf
Lektorat: Ruth Bornefeld, Petra Klüners
Herstellung: Lutz Siebert-Wendt
Gesamtherstellung: Wagner GmbH, Nördlingen

ISBN: 3-486-88649-5

Inhalt

»Das Erdbeben in Chili«
1 Voraussetzungen

1.1 Das Erdbeben in Chile 1647

Das Erdbeben im Jahre 1647, von dem in KLEISTS Erzählung die Rede ist, hat tatsächlich stattgefunden. In der Nacht vom 13. zum 14. Mai wurde dadurch die Hauptstadt Santiago de Chile fast völlig zerstört. KLEIST, der nie in Südamerika war, hat sich vermutlich in zeitgenössischen Berichten darüber informiert. Aus welchen Quellen im Einzelnen er das getan hat, ist nicht genau bekannt. Sicher ist, dass es ihm nicht um eine detailgetreue Schilderung ging, wie überhaupt das Erdbeben eher der Anlass, nicht aber das eigentliche Thema seiner Erzählung ist. Verschiedene von Augenzeugen erwähnte Fakten wie der ungeheure Lärm, das aus den Erdrissen hervorsprudelnde Wasser des Mapocho-Flusses, die übereinander stürzenden Trümmer, zwischen denen nur eine einzige Kirche unversehrt blieb, sowie der Gottesdienst der Überlebenden finden sich auch bei KLEIST.[1] Dieser hat freilich das Erdbeben von der Nacht auf den Tag verlegt und der auffälligste Unterschied liegt darin, dass die besonnene und besänftigende Predigt des historischen Bischofs von Santiago, Gaspar de Villarroel, der das große Unglück keineswegs als Bestrafung, allenfalls als von Gott auferlegte Prüfung des Volkes deutete, in der Erzählung ersetzt ist durch die Rachetiraden des Dominikaner-Chorherrn.

Mit den wahrscheinlich aus Reise- und Landesbeschreibungen gewonnenen Anregungen und Kenntnissen hat KLEIST lediglich den äußeren, historischen und geografischen Rahmen seiner fiktionalen Handlung fixiert. Seine Darstellung Santiagos geht kaum auf spezifische Eigentümlichkeiten der chilenischen Hauptstadt ein, sodass der Schauplatz des Geschehens fast als austauschbar erscheint.

1.2 Das Erdbeben in Lissabon 1755

Wesentlich für das Verständnis der Erzählung ist, dass im Bewusstsein der Zeitgenossen KLEISTS eine andere Katastrophe sehr viel gegenwärtiger war: das Erdbeben in Lissabon im Jahre 1755, das die Menschen in ganz Europa bewegte. In der zweiten Hälfte des 18. Jahrhunderts wurden darüber unzählige Berichte und nach dem Sinn fragende Abhandlungen, zum Teil von sehr prominenten Autoren, verfasst.

Am Allerheiligentag, vormittags zur Zeit der Messfeiern, wurde die portugiesische Metropole durch drei schwere Erdstöße in einem zuvor unvorstellbaren Ausmaß verwüstet. Unter den Trümmern der zusammenbrechenden Gotteshäuser wurden zahllose Menschen begraben. Die in Kirchen und Privatwohnungen angezündeten Kerzen lösten zusätzlich eine verheerende Feuersbrunst aus und schließlich wurden durch eine gewaltige Flutwelle des Tejo große Teile der Stadt überschwemmt. Die Zahlenangaben über die Todesopfer schwanken zwischen 10 000 und 60 000. Auswirkungen des Bebens waren bis nach Böhmen, Norddeutschland und sogar Skandinavien spürbar.

Erschüttert wurde jedoch nicht nur die Erde, sondern zugleich der bis dahin in der abendländischen Wissenschaft vorherrschende optimistische Glaube, dass die Weltordnung sinnvoll eingerichtet sei und von einem guten Schöpfergott gelenkt werde. GOETHE, zur Zeit der Lissaboner Katastrophe sechs Jahre alt, notierte 1811 aus der Rückschau im 1. Buch von DICHTUNG UND WAHRHEIT:

Durch ein außerordentliches Weltereignis wurde [...] die Gemütsruhe des Knaben zum erstenmal im tiefsten erschüttert. Am ersten November 1755 ereignete sich das Erdbeben von Lissabon, und verbreitete über die in Frieden und Ruhe schon eingewohnte Welt einen ungeheuren Schrecken. [...] Sechzigtausend Menschen, einen Augenblick zuvor noch ruhig und behaglich, gehen mit einander zugrunde, und der Glücklichste darunter ist der zu nennen, dem keine Empfindung, keine Besinnung über das Unglück mehr gestattet ist. Die Flammen wüten fort, und mit ihnen wütet eine Schar sonst verborgener, oder durch dieses Ereignis in Freiheit gesetzter Verbrecher. Die unglücklichen Übriggebliebenen sind dem Raube, dem Morde, allen Mißhandlungen bloßgestellt; und so behauptet von allen Seiten die Natur ihre schrankenlose Willkür.

Schneller als die Nachrichten hatten schon Andeutungen von diesem Vorfall sich durch große Landstrecken verbreitet; an vielen Orten waren schwächere Erschütterungen zu verspüren, an manchen Quellen, besonders den heilsamen, ein ungewöhnliches Innehalten zu bemerken gewesen: um desto größer war die Wirkung der Nachrichten selbst, welche erst im allgemeinen, dann aber mit schrecklichen Einzelheiten sich rasch verbreiteten. Hierauf ließen es die Gottesfürchtigen nicht an Betrachtungen, die Philosophen nicht an Trostgründen, an Strafpredigten die Geistlichkeit nicht fehlen. So vieles zusammen richtete die Aufmerksamkeit der Welt eine Zeitlang auf diesen Punkt, und die durch fremdes Unglück aufgeregten Gemüter wurden durch Sorgen für sich selbst und die Ihrigen um so mehr geängstigt, als über die weitverbreitete Wirkung dieser Explosion von allen Orten und Enden immer mehrere und umständlichere Nachrichten einliefen. Ja vielleicht hat der Dämon des Schreckens zu keiner Zeit so schnell und so mächtig seine Schauer über die Erde verbreitet.

Der Knabe, der alles dieses wiederholt vernehmen mußte, war nicht wenig betroffen. Gott, der Schöpfer und Erhalter Himmels und der Erden, den ihm die Erklärung des ersten Glaubensartikels so weise und gnädig vorstellte, hatte sich, indem er die Gerechten mit den Ungerechten gleichem Verderben preisgab, keineswegs väterlich bewiesen. Vergebens suchte das

»Das Erdbeben in Chili« – Voraussetzungen

junge Gemüt sich gegen diese Eindrücke herzustellen, welches überhaupt um so weniger möglich war, als die Weisen und Schriftgelehrten sich selbst über die Art, wie man ein solches Phänomen anzusehen habe, nicht vereinigen konnten.[2]

1.3 Die zeitgenössische philosophische Diskussion

1.3.1 Leibniz – Wolff – Pope

Die zum Teil sehr kontrovers geführte Diskussion zwischen Theologen und Philosophen über Vollkommenheit oder Unvollkommenheit der von Gott geschaffenen Welt reicht sehr viel weiter zurück, hat aber insbesondere das 18. Jahrhundert geprägt. Gegen die skeptischen Anschauungen des freisinnigen französischen Aufklärers Pierre Bayle richtete sich GOTTFRIED WILHELM LEIBNIZ mit seinen 1710 (ursprünglich in französischer Sprache) verfassten Essays DIE THEODIZEE VON DER GÜTE GOTTES, DER FREIHEIT DES MENSCHEN UND DEM URSPRUNG DES ÜBELS. Der Terminus ›Theodizee‹ für ›Rechtfertigung Gottes‹ stammt von LEIBNIZ selbst. Grundlage seiner Argumentation ist die für ihn unzweifelhafte **Übereinstimmung des Glaubens mit der Vernunft.**[3] Nach seiner Auffassung ist, dank der Weisheit und Vollkommenheit Gottes, diese Welt die **beste [...] unter allen möglichen Welten,** da Gott sonst **gar keine geschaffen**[4] hätte. Alle Einwände bezüglich der **Unvollkommenheiten** ließen sich widerlegen, wenn die Menschen imstande wären, **die universale Harmonie zu verstehen.**[5]

LEIBNIZ leugnet die Existenz der ›Übel‹ keineswegs. Er unterscheidet zwischen **metaphysischem, physischem** und **moralischem Übel.**[6] Mit **metaphysischem Übel** meint er die Beschränkungen in der Endlichkeit, also die notwendige Unvollkommenheit der Geschöpfe, da Gott ja nicht gottgleiche Wesen habe schaffen wollen. Das **physische Übel,** d. h. Schmerz und Leiden der Menschen, sowie das **moralische Übel,** die von Gott zugelassene Sünde, dienen beide dem höheren Zweck, das Gute hervorzubringen und das Versöhnungswerk Christi auszulösen.

Verbreitet und popularisiert wurde die LEIBNIZ'sche Philosophie hauptsächlich durch CHRISTIAN WOLFF, der nicht zuletzt dank der Herausbildung einer deutschsprachigen philosophischen Terminologie zum einflussreichsten Philosophen der deutschen Aufklärung bis zum Erscheinen der Werke KANTS wurde. Sein so genanntes ›Leibniz-Wolffsches System‹ versuchte eine Entfaltung und Anwendung der Grundgedanken des Vorbilds auf alle Gebiete des Wissens. Dagegen wurde allerdings verschiedentlich auch der Vorwurf philosophischer Verflachung erhoben. Wichtig in diesem Zusammenhang ist vor allem, dass Wolff auch die LEIBNIZ'sche Optimismusformel von der **besten aller möglichen Welten** übernahm und ihr weit verbreitete Geltung verschaffte.

Parallel zur Entwicklung der deutschen Metaphysik in der ersten Hälfte des 18. Jahrhunderts gelangte der englische Dichter ALEXANDER POPE in seinem großen Poem *AN ESSAY ON MAN* (1732/34) zu ähnlichen Ansichten. In diesem *VERSUCH ÜBER DEN MENSCHEN* propagiert er ebenfalls eine unbestreitbare universale Harmonie und betrachtet alles Übel in der Welt als partiell, im Gesamtzusammenhang der Schöpfung müsse es als Gutes angesehen werden: **All partial Evil, universal Good.** POPES metaphysischer Optimismus gipfelt in der Formulierung: **Whatever is, is right.**[7]

Wie groß das Interesse an dieser Problematik war, zeigt auch die Tatsache, dass kurz vor dem Lissaboner Erdbeben die Berliner Akademie der Wissenschaften folgende Preisfrage ausschrieb: **Gefordert wird eine Untersuchung des Popeschen Systems, wie es in dem Lehrsatz ›Alles ist gut‹ enthalten ist.** Der Preis wurde einer Abhandlung zuerkannt, die den metaphysischen Optimismus ablehnte. Der Autor, A. F. Reinhard, entsprach damit der Auffassung des französischen Präsidenten der Berliner Akademie, Maupertius.[8]

1.3.2 Voltaire und Rousseau

Ein berühmter Franzose, VOLTAIRE, der gleichfalls auf Einladung Friedrichs des Großen lange am preußischen Hof gelebt hatte, beteiligte sich nicht an diesem Wettbewerb, und zwar aus erklärter Antipathie gegen Maupertius. Dennoch berührte die Preisfrage den Brennpunkt auch seiner philosophischen Überlegungen. Unter dem Eindruck des Erdbebens in der portugiesischen Hauptstadt am 1. November 1755 äußerte sich VOLTAIRE dann doch sehr entschieden in seinem »Poème sur le désastre de Lisbonne«. Er gab diesem »Gedicht über die Katastrophe von Lissabon« in deutlicher Anspielung auf Pope den Untertitel »Untersuchung des Axioms ›Alles ist gut‹«. In rund 250 Versen, die ungeachtet ihres minderen poetischen Ranges[9] vielfach übersetzt wurden und in ganz Europa Widerhall fanden, erteilt der Autor allen harmonisierenden Weltanschauungen eine schroffe Absage. Adressiert an die optimistischen Metaphysiker konfrontiert das Gedicht deren in VOLTAIRES Augen unhaltbare Theorien mit einer Anhäufung von Schreckensbildern aus der vom Unglück betroffenen Stadt:

> Getäuschte Philosophen, die rufen: alles ist gut.
> Kommt her, seht die furchtbaren Ruinen,
> Die das Elend bezeugenden Trümmer, Überreste und Aschehaufen,
> Die Frauen, die Kinder, einer über dem anderen liegend,
> Die unter Marmorstücken zerstreuten Glieder:
> Hunderttausend Unglückliche, die die Erde verschlingt,
> Die blutend, zerrissen und noch zuckend
> Unter ihrem Dach begraben, ohne Hilfe
> In den entsetzlichsten Qualen ihre jammervollen Tage beenden.

Sagt Ihr zu den unartikulierten Schreien ihrer versagenden Stimmen,
Zu dem schrecklichen Schauspiel ihrer brennenden Überreste,
Dies sei die Wirkung der ewigen Gesetze,
Die von einem freien und guten Gott notwendig diese Wahl herausfordern?
Sagt Ihr beim Anblick dieser vielen Opfer:
Gott hat sich gerächt, ihr Tod ist der Preis für ihre Verbrechen?
Welches Verbrechen, welchen Verstoß haben diese Kinder begangen,
Die auf dem Schoß ihrer Mutter zerschmettert sind und verbluten?
Gab es in Lissabon, das nicht mehr ist, mehr Laster
Als in London, in Paris, wo man sich ins Vergnügen stürzt?
Lissabon ist versunken und man tanzt in Paris.
[...]
Ihr ruft mit kläglicher Stimme: a l l e s i s t g u t,
Doch das Weltall straft Euch Lügen [...]¹⁰

In polemischer Schärfe fragt VOLTAIRE die **getäuschten Philosophen**, ob
eine Welt ohne solche Katastrophen nicht doch besser wäre als die jetzige
oder ob sie etwa meinten, dass Gott vielleicht doch nicht so allmächtig sei,
dass er das Erdbeben hätte verhindern können. Er selbst hält zwar fest am
Gottesglauben, aber er sieht sich nicht in der Lage, Erklärungen für das un-
leugbare Übel in der Welt zu finden. Dessen verborgener Ursprung sei für
die Menschen nicht zu erforschen, die Natur bleibe stumm, man befrage
sie vergeblich. Am Schluss seines Gedichts lässt VOLTAIRE die vage Hoffnung bestehen, dass eines Tages vielleicht einmal alles gut sein werde, die
Behauptung aber, dass schon heute alles gut sei, entlarvt er als Illusion.

Harald Weinrich hat dargelegt, dass dem Poem des bibelkundigen VOL-
TAIRE das Muster des Buchs Hiob zugrunde liegt, in dem übrigens gerade
auch das Erdbeben als Beweis für die Allmacht Gottes genannt wird. Hiob
erfährt nach den vielen ihm auferlegten Prüfungen, dass es dem Menschen
nicht gebührt, von Gott Gerechtigkeit zu verlangen. (Der Unterschied zwischen VOLTAIRES Gedicht und dem alttestamentarischen Vorbild liegt freilich darin, dass der am Ende demütige Hiob seine zuvor verlorenen Kinder
und Besitztümer zurückerhält.)

Der Prominenteste, der auf das »Gedicht über die Katastrophe von
Lissabon« antwortete, war JEAN-JACQUES ROUSSEAU. Er schrieb 1756 einen
(später auch veröffentlichten) *BRIEF AN HERRN VON VOLTAIRE*. Auch
ROUSSEAU bekennt sich zum Glauben an Gott, hält aber dem Adressaten
seines Schreibens entgegen, dass er unangemessenerweise die Frage nach
dem Dasein Gottes zum Sujet philosophischer Betrachtung gemacht habe,
obwohl es sich um eine reine Glaubensfrage handle. ROUSSEAU verteidigt
sogar in einem gewissen Sinne die Theodizee: [...] **anstatt des Alles ist gut,
würd' es vielleicht besser seyn zu sagen, das Ganze ist gut, oder Alles ist
gut für das Ganze.**¹¹ Kein Mensch aber könne **bündige Beweise** dafür oder

dagegen liefern, denn diese Beweise hangen von einer vollkommenen Kenntniß der Anordnung der Welt, und des Endzwecks ihres Urhebers ab, und diese Kenntniß übersteigt unstreitig den menschlichen Verstand.[12] Den Lehren der metaphysischen Optimisten, fährt Rousseau fort, wohne inmerhin noch eine Trostkraft inne, die Voltaire nun auch noch annuliere.

Andererseits tadelt Rousseau die **Priester** und **Andächtler,** dass sie sich anmaßten, jedwedes Naturphänomen in ihrem Sinne erklären zu wollen. In Rousseaus Argumentation scheint der Standpunkt des Deismus durch, dass der Schöpfer der Welt sie zwar generell lenke, sich aber nicht um das Schicksal jedes einzelnen Wesens kümmere.

Nach seiner Abkehr von den theologischen und philosophischen Deutungsversuchen lenkt der Kultur- und Zivilisationskritiker Rousseau den Blick auf einen ganz anderen Aspekt des Problems, den geschichtlichen:

> Ohne Ihren Gegenstand von Lissabon zu verlassen, gestehn Sie mir zum Beyspiel, daß nicht die Natur zwanzigtausend Häuser von sechs bis sieben Stockwerken zusammen gebaut hatte, und daß wenn die Einwohner dieser grossen Stadt gleichmässiger zerstreut und leichter beherbergt gewesen wären, so würde die Verheerung weit geringer, und vielleicht gar nicht begegnet seyn.[13]

Der von Natur aus gute Mensch ist nach Rousseaus Ansicht durch die Zivilisation so verdorben, dass er materielles Wohlergehen höher schätzt als das eigene Leben: **Wie viel unglückliche sind nicht bey diesem Unfall umgekommen, weil der eine seine Kleider, der andere seine Papyre, ein anderer sein Geld retten wollte?**[14] Rousseau konzediert, dass es sicher wünschenswert gewesen wäre, wenn dieses Erdbeben sich in einer Wüste ereignet hätte (wie Voltaire dies in seinem Gedicht erwähnt). Aber, so fährt er fort, das bedeute doch, dass wir Menschen **die Ordnung der Welt** [...] **nach unserm Eigensinn** zu ändern versuchten und die Natur unseren Gesetzen unterwerfen wollten. Abgesehen von dieser Vermessenheit seien die von menschlichem Verhalten bewirkten Katastrophen ohnehin schlimmer als die von der Natur verursachten:

> [...] von Tag zu Tag bestätigt mirs die Natur, daß ein plötzlicher Tod nicht immer ein würkliches Uebel ist, und daß er bisweilen für ein verhältnißmässiges Glück angesehen werden kann. Von so viel unter dem Schutte von Lissabon erschlagenen Menschen, sind sonder Zweifel viele, noch größeren Unglücksfällen entronnen, und [...] kan man sich ein traurigeres Ende denken, als das Ende eines sterbenden den man mit unnützer Pflege überhäuft, den ein Notarius und die Erben nicht mehr zu Athem kommen lassen, den die Aerzte nach ihrem Belieben in seinem Bette ermorden, und dem barbarische Priester den Tod künstlich kosten lassen? Ich meinerseits sehe allenthalben, daß das Elend, dem uns die Natur unterwirft, weit weniger grausam ist, als das so wir Menschen selber hinzuthun.[15]

Mit der Verlagerung des Diskussionsschwerpunkts auf die historischen Aspekte initiiert ROUSSEAU die das 19. Jahrhundert bestimmende Entwicklung, in der **das Geschichtsdenken die Nachfolge der Metaphysik**[16] antritt. Am Schluss seines Briefs fordert ROUSSEAU VOLTAIRE auf, die Erdbebenproblematik zum Anlass für ein neues Buch zu nehmen, in dessen Mittelpunkt Fragen des Staates und der Gesellschaft stehen sollten.

VOLTAIRES Reaktion war scharf und knapp. Er ließ ROUSSEAU lediglich wissen, dass er auf sein Schreiben antworten werde; seitdem waren die beiden verfeindet. Seine tatsächliche Antwort übergab VOLTAIRE – zunächst anonym – der Öffentlichkeit 1759 in Gestalt des Romans CANDIDE OU L'OPTIMISME. In dieser vor allem gegen die LEIBNIZ'sche Theodizee gerichteten bissigen Satire schickt VOLTAIRE seinen Titelhelden mit dem sprechenden Namen (der im Sinne von ›arglos‹, ›gutgläubig‹ zu übersetzen ist) auf eine Reise um die halbe Welt. Dabei lässt er ihn, ähnlich dem biblischen Hiob, eine Katastrophe nach der anderen erleben und erleiden. Candide lernt aus nächster Nähe alle nur denkbaren schlechten Eigenschaften und Verhaltensweisen der Menschen kennen. Er fällt unter Seeräuber und Kannibalen, muss einen Jesuiten töten, um nicht von ihm getötet zu werden, sieht in Habgier, Machthunger, Grausamkeit und Verbrechen die alltägliche Gegenwart des Bösen. Über weite Strecken seiner Irrfahrt wird Candide begleitet von seinem philosophischen Lehrer Doktor Pangloß, der nicht müde wird, ihm nach jedem neuen Unglück einzureden, dass diese Welt die beste aller möglichen Welten sei.

Unterwegs machen die beiden die Bekanntschaft des **barmherzigen** Wiedertäufers Jacques (eine Anspielung auf den Vornamen ROUSSEAUS), der den gesundheitlich sehr angeschlagenen Philosophiedoktor gesund pflegt: **Pangloß verlor während der Kur nur ein Auge und ein Ohr.**[17] Der tüchtige Geschäftsmann Jacques nimmt die beiden mit auf eine Schiffsreise nach Portugal. Bei einer Diskussion unterwegs lässt VOLTAIRE die Thesen von ROUSSEAU und LEIBNIZ satirisch aufeinander prallen. Jacques doziert: **Die Menschen […] müssen wohl die ursprünglich vollkommene Natur ein wenig verdorben haben; sie sind nicht als Wölfe geboren, sondern sind erst zu Wölfen geworden.** Darauf entgegnet der **einäugige** [!] Doktor, die menschlichen Schandtaten und das Elend seien **unerläßlich, […] das Unglück des einzelnen begründet das Wohl der Gesamtheit, so daß es ums allgemeine Wohl desto besser steht, je mehr privates Unglück es gibt.**[18] Während er so philosophiert, kommen **aus allen vier Ecken der Welt** gewaltige Winde auf und ihr Schiff gerät kurz vor dem Zielhafen Lissabon in ein fürchterliches Unwetter.

Bei dem anschließenden Schiffbruch kommt Jacques um, nachdem er einem Matrosen das Leben gerettet hat. Candide und Pangloß werden auf einer Planke ans Ufer getrieben. Kaum haben sie das Land betreten, setzt das große Erdbeben ein. Candide wird von herabstürzenden Trümmern fast erschlagen. Unmittelbar nach dieser Katastrophe inszeniert die portugiesische Inquisition ein **schönes Autodafé,** weil **das Schauspiel einiger feierlichst auf langsamem Feuer verbrannter Menschen ein unfehlbares Mittel sei, die Erde am Beben zu verhindern.**[19] Pangloß wird aufgehängt, weil er mit seinem **Alles ist gut** von der klerikalen Lehrmeinung abweicht (er taucht aber im weiteren Verlauf des Romans wieder auf). Candide, **weil er mit beistimmender Miene zugehört hatte,** wird nur ausgepeitscht, dann **losgesprochen und gesegnet.**[20] Wie zum Hohn für die Inquisition bebt die Erde dann doch noch einmal. Candide formuliert das skeptische Fazit dieser Episode: **Wenn dies die beste aller möglichen Welten ist, wie müssen dann erst die andern sein?**[21]

VOLTAIRES Satire ist eine strikte Zurückweisung aller metaphysischen Spekulationen. Eine Antwort auf das Theodizee-Problem wird nicht geboten. Am Ende steht die resignative Einsicht, dass Arbeit **das einzige Mittel sei, das Dasein erträglich zu gestalten.**[22] Und in entsprechender Selbstbescheidung spricht Candide im letzten Satz des Romans seine künftige Devise aus: [...] **es gilt, unseren Garten zu bebauen.**[23]

In den Lissabon-Kapiteln des CANDIDE ist das Schema vorgegeben, das KLEISTS Erdbebennovelle zugrunde liegt: Einer überstandenen Naturkatastrophe folgt eine scheinbar durch diese legitimierte menschliche Katastrophe (ein moralisches Übel), in beiden Fällen entfacht vom Klerus. Die Frage nach Gottes Walten bleibt ohne Antwort.

1.3.3 Kant

Mit IMMANUEL KANT hat ein weiterer bedeutender Zeitgenosse zur Katastrophe von Lissabon Stellung genommen. Seine Schrift GESCHICHTE UND NATURBESCHREIBUNG DER MERKWÜRDIGSTEN VORFÄLLE DES ERDBEBENS, WELCHES AN DEM ENDE DES 1755STEN JAHRES EINEN GROSSEN THEIL DER ERDE ERSCHÜTTERT HAT erschien noch im selben Jahr. KANT betont, dass es ihm nicht um eine detaillierte Ausmalung des Grauens und Elends der betroffenen Menschen geht:

> Eine solche Erzählung würde rührend sein, sie würde, weil sie eine Wirkung auf das Herz hat, vielleicht auch eine auf die Besserung desselben haben können. Allein ich überlasse diese Geschichte geschickteren Händen. Ich beschreibe hier nur die Arbeit der Natur, die merkwürdigen natürlichen Umstände, die die schreckliche Begebenheit begleitet haben, und die Ursachen derselben.[24]

Die in der Forschung oft anzutreffende Vermutung, KLEIST habe durch diese Äußerung KANTS den Anstoß zu seiner Erdbebenerzählung erhalten, ist durch nichts belegt. Appelt/Grathoff haben darauf hingewiesen, dass KLEIST vielmehr die Bemerkungen KANTS über die Ambivalenz von Naturphänomenen interessiert haben könnten. Etwa wenn KANT ausführt, dass infolge derselben Erschütterung, die Lissabon verwüstete, andernorts in Europa mineralische Heilquellen neu oder verstärkt aus der Erde zu sprudeln begannen. **So sind die Zufälle beschaffen, welche das menschliche Geschlecht betreffen. Die Freude der einen und das Unglück der andern haben oft eine gemeinschaftliche Ursache.**[25] Eine analoge Grundkonstellation findet sich ja bei KLEIST, als Jeronimo und Josephe durch das zerstörerische Erdbeben vorübergehend Freiheit und Glück erlangen.

Im Übrigen kritisiert auch KANT die Anmaßung der Menschen, die **göttlichen Rathschlüsse** durchschauen und auslegen zu wollen. Die Menschen seien viel zu sehr von sich selber eingenommen, um zu erkennen, dass nicht alles, was sich in der Welt ereigne, lediglich um ihretwillen geschehe und nur in Bezug auf die Menschen zu erklären sei. Was die Absichten betreffe, **die Gott in der Regierung der Welt vor Augen** habe, so sei **der Mensch im Dunkeln.**[26] Metaphysische und theologische Deutungen lehnt also auch KANT ab. Und ganz ähnlich wie ROUSSEAU hält er den Versuch für fatal, sich die Natur unterwerfen zu wollen, anstatt sich ihr anzupassen:

> Es läßt sich leicht rathen: daß, wenn Menschen auf einem Grunde bauen, der mit entzündbaren Materien angefüllt ist, über kurz oder lang die ganze Pracht ihrer Gebäude durch Erschütterungen über den Haufen fallen könne; aber muß man denn darum über die Wege der Vorsehung ungeduldig werden? Wäre es nicht besser also zu urtheilen: Es war nöthig, daß Erdbeben bisweilen auf dem Erdboden geschähen, aber es war nicht nothwendig, daß wir prächtige Wohnplätze darüber erbaueten? Die Einwohner in Peru wohnen in Häusern die nur in geringer Höhe gemauert sind, und das übrige besteht aus Rohr. Der Mensch muß sich in die Natur schicken lernen, aber er will, daß sie sich in ihn schicken soll.[27]

KANTS moralisches Fazit am Ende seiner Abhandlung über das Erdbeben ist die Mahnung, dass wir der Tatsache eingedenk bleiben müssen, dass unser Leben **ein weit edleres Ziel** habe, als **auf dieser Schaubühne der Eitelkeit ewige Hütten zu erbauen.**[28]

1.4   Die Französische Revolution

Zu dem Hintergrund, vor dem KLEISTS fiktionaler Text gesehen werden muss, gehört neben dem realen Erdbeben, also der zerstörerischen **Gewalt der Natur** (55), und der Erschütterung des metaphysischen Optimismus im ausgehenden 18. Jahrhundert noch eine weitere Dimension: die politisch-gesellschaftliche. Im Mittelteil der Erzählung, bei der Schilderung des idyllischen Tals, gebraucht KLEIST Formulierungen, die einen Analogieschluss zu den Ideen der Französischen Revolution nahe legen. Nach **dem**

Umsturz aller Verhältnisse (61), so heißt es dort, sah man Menschen von allen Ständen durcheinander liegen, Fürsten und Bettler, Matronen und Bäuerinnen, Staatsbeamte und Tagelöhner, Klosterherren und Klosterfrauen: einander bemitleiden, sich wechselseitig Hülfe reichen, von dem, was sie zur Erhaltung ihres Lebens gerettet haben mochten, freudig mitteilen, als ob das allgemeine Unglück alles, was ihm entronnen war, zu *einer* Familie gemacht hätte (60 f.). Für kurze Zeit scheint hier die Utopie sozialer und materieller Gleichheit Realität geworden zu sein. Dass dies kein genereller und dauerhafter Zustand sein kann, signalisiert bereits das in KLEISTS Schilderung auffällig oft, so auch im obigen Zitat, verwendete **als ob**. Durch das Eingreifen reaktionärer Kräfte (hier: des Klerus) und den außer Kontrolle geratenden Terror der Volksmenge wird ja dann auch bald dem Traum von Freiheit, Gleichheit und Brüderlichkeit ein umso brutaleres Ende bereitet. Ein Rückfall in die alten Verhältnisse findet statt. Insofern sei KLEISTS Novelle, so interpretiert Helmut Koopmann, eine allegorische Erzählung von der Französischen Revolution, insbesondere von ihrem Scheitern.[29] In ähnlichem Sinne beobachtet Helmut J. Schneider, etwas zurückhaltender, zumindest eine innere **Übereinstimmung**[30] zwischen dem weltgeschichtlichen Vorgang und dem Text KLEISTS.

Zweifellos würde der Versuch fehlgehen, in allen Einzelheiten Analogien zwischen der Französischen Revolution und der Erzählung herzustellen. Dazu ist das Verhältnis des preußischen Dichters zu Frankreich und seiner Gegenwartsgeschichte zu ambivalent und widersprüchlich. Ein differenziertes Abwägen gebietet vor allem der patriotische Napoleonhass KLEISTS.

Zunächst einmal ist festzuhalten, dass KLEIST sehr gut Französisch sprach. Nach dem Tod seines Vaters wurde der knapp Elfjährige in Berlin von dem Hugenottenprediger Catel in Pension genommen und unterrichtet. Angeblich erreichten seine Französischkenntnisse bereits früher einen höheren Korrektheitsgrad als seine Deutschkenntnisse. In vornehmen Gesellschaften, auch in Garnisonen wie Potsdam, wurde meist französische Konversation gepflegt. Als Leser kannte KLEIST sich in der französischen Literatur sehr gut aus, namentlich die Autoren MONTESQUIEU, LA FONTAINE, MONTAIGNE, MOLIÈRE, VOLTAIRE und DIDEROT sind hier zu nennen, und allen voran ROUSSEAU, dessen Einfluss auf KLEISTS Leben und Werk größer war als der irgendeines deutschen Schriftstellers.[31]

1793–95 nahm KLEIST als Gefreiter-Korporal am Rheinfeldzug teil. In einem Brief aus dieser Zeit spricht er von den Franzosen als **Räubergesindel** (II, 467). Mehrmals, zum Teil für einige Monate, hat er sich in Paris aufgehalten. Seine dominierenden Gefühle, mitbedingt durch persönliche Krisen, sind Heimatlosigkeit und Einsamkeit. Sein Herz ist **so gut, als tot** (II, 661). Aufschlussreich ist insbesondere sein Brief vom 18. Juli 1801 an Karoline von Schlieben. Deutlich ist die von Rousseau geprägte Zivilisations- und Großstadtkritik herauszuhören. Er beobachtet lauter Menschen, die man vergisst, wenn sie um die Ecke sind. […] Denn in den Hauptstädten[32] sind die Menschen zu gewitztigt, um offen, zu zierlich, um wahr zu sein. Schauspieler sind sie, die einander wechselseitig betrügen, und dabei tun, als ob sie es nicht merkten. Man geht kalt aneinander vorüber […] (II, 662). Die Ziele und Ideale der Französischen Revolution sieht er pervertiert:

> Ich habe dem 14. Juli, dem Jahrestag der Zerstörung der Bastille beige-
> wohnt, an welchem zugleich das Fest der wiedererrungenen Freiheit und
> das Friedensfest gefeiert ward. Wie solche Tage würdig begangen werden
> könnten, weiß ich nicht bestimmt; doch dies weiß ich, daß sie fast nicht un-
> würdiger begangen werden können, als dieser. Nicht als ob es an Obelisken
> und Triumphbogen und Dekorationen, und Illuminationen, und Feuerwer-
> ken und Luftbällen und Kanonaden gefehlt hätte, o behüte. Aber keine von
> allen Anstalten erinnerte an die Hauptgedanken […]. Rousseau ist immer
> das 4. Wort der Franzosen; und wie würde er sich schämen, wenn man ihm
> sagte, daß dies *sein* Werk sei? – (II, 664 f.)

Endgültig preisgegeben sah Kleist, der in Paris zeitweilig in republikani-
schen und liberalen Kreisen verkehrte, die eigentliche Idee der Revolution
mit der Hinrichtung des oppositionellen Generals Moreau 1804 und der
Wiedereinführung der Monarchie durch Napoleon. Diesem galt, hauptsächlich nach dem Zusammenbruch Preußens und der eigenen Gefangenschaft in Joux und Châlons-sur-Marne (1807), Kleists ganzer Hass. Der
patriotische Journalist engagiert sich **aus der Perspektive nationaler Betroffenheit**[33] im Befreiungskampf gegen die französischen Okkupanten. In
seinem Katechismus der Deutschen (1809) nennt er Napoleon einen
bösen Geist und erklärt ihn zum Erzfeind (vgl. II, 352). Manche franko-
phoben Gedichte, wie etwa »Germania an ihre Kinder«, kann man nur als
schlimme Entgleisung werten (**Alle Triften, alle Städte,/Färbt mit ihren
Knochen weiß […] Dämmt den Rhein mit ihren Leichen […]**) (I, 715).
Das ursprüngliche Anliegen der Französischen Revolution, die Verwirklichung des zwischenmenschlichen Zusammenlebens in Humanität und
freier Selbstbestimmung, sieht Kleist nicht eingelöst. Dafür hält er Napoleon für mitverantwortlich.[34]

1.5 Die Gattungstradition der ›moralischen Erzählungen‹

Im Mai 1810 schrieb Kleist an den Berliner Verleger Georg Andreas Reimer:

> Ich schicke Ihnen das Fragment vom Kohlhaas, und denke, wenn der Druck
> nicht zu rasch vor sich geht, den Rest, zu rechter Zeit, nachliefern zu kön-
> nen. Es würde mir lieb sein, wenn der Druck so wohl ins Auge fiele, als es
> sich, ohne weiteren Kostenaufwand, tun läßt […]. Der Titel ist: Moralische
> Erzählungen von Heinrich von Kleist. (II, 835)

Tatsächlich erschienen noch im September desselben Jahres der inzwischen fertig gestellte KOHLHAAS, DIE MARQUISE VON O… und DAS ERDBEBEN IN CHILI zusammen in einem Band (für ein Honorar von 50 Thalern) in Reimers Realschulbuchhandlung unter dem schlichten Titel ERZÄHLUNGEN. Weggelassen war das Beiwort ›moralische‹ und damit der Hinweis auf eine von Cervantes' NOVELAS EJEMPLARES herrührende Gattungstradition.[35] Man weiß nicht, ob diese Streichung vom Verleger oder vom Autor veranlasst wurde; jedenfalls dürfte sie wohl kaum gegen den Willen KLEISTS vorgenommen worden sein.

Die Gattung der ›moralischen Erzählung‹ erreichte in Deutschland ihre größte Popularität in der zweiten Hälfte des 18. Jahrhunderts. Gedruckt wurden solche Texte zumeist in den damals sehr zahlreich erscheinenden moralischen Wochenschriften, die (nach englischem Vorbild) der sittlichen Erziehung insbesondere des bürgerlichen Publikums dienen sollten. In ihren Artikeln wurden im Geiste der Aufklärung theoretische und praktische Fragen des Alltagslebens erörtert, vom Aberglauben und der Todesfurcht bis zum Rauchen und Kartenspielen, oder auch Fragen des Geschmacks. Daneben standen die auf den gleichen Zweck ausgerichteten fiktionalen Texte der ›moralischen Erzählungen‹. Sie hatten in der Regel Beispielcharakter und sollten auf erbauliche Weise den Lesern tugendhaftes Verhalten als vorbildlich und lasterhaftes Verhalten als abschreckend vor Augen führen und so eine dem Zeitgeist entsprechende Skala sittlicher Werte vermitteln. Karl Otto Conrady hat in seinem Aufsatz DAS MORALISCHE IN KLEISTS ERZÄHLUNGEN[36] gezeigt, dass KLEISTS Prosa mit dieser Art der aufklärerischen Erzählliteratur eines J. G. B. Pfeil, J. H. Merck, C. Wezel oder A. G. Meissner nur noch wenig gemein hat.

Wichtige Impulse hat KLEIST hingegen von der französischen Tradition der ›contes moraux‹ und ›contes philosophiques‹ empfangen. Vor allem die ›contes philosophiques‹ behandeln philosophische Probleme mit erzählerischen Mitteln. Hauptvertreter ist VOLTAIRE, der oft bereits in seinen Titeln andeutet, um welchen Aspekt es geht: CANDIDE ODER DER OPTIMISMUS, ZADIG ODER DAS SCHICKSAL. Zu den Kennzeichen der ›contes philosophiques‹

> gehört es, daß die erzählte Welt keine Plastik und Atmosphäre gewinnt, daß die Figuren als Marionetten in der Hand eines Regisseurs erscheinen, der eine Art Lehrstück ablaufen läßt, und daß die Handlung meist schnell und ohne Verweilen beim schmückenden oder stimmungschaffenden Detail vorangetrieben ist.[37]

Dass KLEISTS Interesse an philosophischen Fragen sehr groß, zum Teil von existenzieller Wichtigkeit war, lässt sich in seinen Werken und Briefen vielfach belegen. Dass sich andererseits seine spezifische Erzählkunst ganz grundlegend von der Darbietungsweise der ›contes philosophiques‹ unterscheidet, ist offenkundig.

Gisela Schlüter hat auf eine französische Quelle für KLEISTS ERDBEBEN IN CHILI aufmerksam gemacht.[38] In der Tat gibt es einige deutliche Parallelen, vor allem hinsichtlich des Stoffs, der Personenkonstellation und der Handlungsführung zu einer Episode aus dem Prosa-Epos DIE INCAS, ODER DIE ZERSTÖRUNG DES REICHES VON PERU. Der Autor, Jean-François Marmontel, war mit seinen ›contes moraux‹ bzw. ›philosophiques‹ auch in Deutschland sehr bekannt. DIE INCAS, aus vielen lose aneinander gereihten Erzähleinheiten bestehend, erschienen 1777 und wurden noch im selben Jahr in deutscher Übersetzung publiziert. Besonders populär wurde die darin enthaltene Cora-Alonzo-Episode, die vielfache dramatische Bearbeitungen, u. a. von Kotzebue, erfuhr.

Der fahnenflüchtige spanische Eroberer Alonzo de Molina liebt Cora, ein Mädchen aus dem Volk der Inka. Sie muss als unfreiwillige Priesterin in einem für Alonzo verbotenen heiligen Bezirk leben. Erst ein Vulkanausbruch ermöglicht eine Liebesnacht in den Gärten des Heiligtums und die anschließende Flucht. **Wer hätte es gedacht, daß ein Wunderwerk geschehen sollte, davor die Natur erschrickt, um uns zusammenzuführen?**, heißt es bei Marmontel.[39] KLEISTS Liebende **waren sehr gerührt, wenn sie dachten, wie viel Elend über die Welt kommen mußte, damit sie glücklich würden!** (58). Die Nacht nach dem Vulkanausbruch verbringt Marmontels Liebespaar, ähnlich wie Jeronimo und Josephe, in einer paradiesischen Landschaft vor den Toren der Stadt. Später müssen sich Alonzo und die schwangere Cora wegen ihres Liebesfrevels vor einem Tribunal verantworten. Die Todesstrafe droht. Doch der tolerante Inka-König Ataliba, **der zwischen positivem Recht und Naturrecht, zwischen Tradition und Vernunft zu unterscheiden gelernt hat**[40], zeigt sich nachsichtig und spricht die beiden frei **und das Volk, Modell eines aufgeklärten Publikums, begleitet dieses Urteil mit schöner Begeisterung.**[41] Am Ende allerdings kommt Alonzo bei einem von fanatischen Spaniern veranstalteten Massaker an den Indios um. Cora bringt auf dem Grab Alonzos ein totes Kind zur Welt und stirbt ebenfalls.

Wie und in welcher Fassung KLEIST diese Geschichte kennen gelernt hat, ließ sich bisher nicht ermitteln. Immerhin hat er wohl den Marmontelübersetzer Ch. Bode gekannt. Jedenfalls ist es sehr wahrscheinlich, dass er hier wesentliche stofflich-thematische Anregungen empfangen hat; als kleines Indiz mag auch die Tatsache gelten, dass er dem Marineoffizier, der am Schluss Don Fernando beizustehen versucht, den Namen Don Alonzo gegeben hat. Erzählerisch ausgestaltet hat KLEIST seine Novelle freilich auf seine ganz eigene, unvergleichbare Weise, die ihn vom Autor der INCAS ebenso unterscheidet wie vom Verfasser des CANDIDE.

2 Aufbau

2.1 Entstehung und ursprünglicher Titel

Drei Jahre vor der Buchausgabe in Reimers Berliner Realschulbuchhandlung war DAS ERDBEBEN IN CHILI schon einmal veröffentlicht worden. Allerdings unter einem anderen Titel: Vom 10. bis 15. September 1807 druckte das Tübinger *Morgenblatt für gebildete Stände* (Nr. 217–221) KLEISTS Erzählung JERONIMO UND JOSEPHE. EINE SCENE AUS DEM ERDBEBEN ZU CHILI, VOM JAHRE 1647.

KLEIST war während seiner französischen Gefangenschaft von Ende Januar bis Ende Juli 1807 in finanzielle Nöte geraten. Um diese zu mildern, hatte sein Freund Otto August Rühle von Lilienstern das Manuskript an den Verleger des *Morgenblatts*, Johann Friedrich Cotta, expediert, der es zustimmend aufnahm. So kam es zum ersten Druck einer Erzählung KLEISTS.

Entstanden ist sie höchstwahrscheinlich bereits um 1806 in Königsberg während einer sehr produktiven Phase des Autors, in der er an den beiden Komödien AMPHITRYON und DER ZERBROCHENE KRUG sowie vermutlich auch am KOHLHAAS und der MARQUISE VON O... arbeitete.

Nach seiner Rückkehr aus der französischen Gefangenschaft wollte KLEIST zunächst sein Manuskript von Cotta zurückerbitten, da er wünschte, **darüber auf eine andere Art verfügen zu können** (II, 791). Doch er kam mit seinem Anliegen zu spät, die Erzählung war soeben im *Morgenblatt* erschienen. Diesen Erstdruck verwendete KLEIST dann, als er 1810 den Text für die Buchausgabe redigierte.

Die dabei vorgenommene Änderung des Titels ist möglicherweise in der Absicht des Autors begründet, den thematischen Schwerpunkt nicht so sehr auf das Einzelschicksal zweier Liebesleute zu legen, sondern mehr auf das überindividuelle, die Allgemeinheit betreffende Naturereignis und seine Folgen.[42] Kittler sieht dadurch zugleich das Novellistische stärker akzentuiert: **Denn wenn aus dem anaphorischen Sprach- und Liebesspiel zwischen Jeronimo und Josephe durch Titeländerung eine Naturkatastrophe von 1647 wird, zählt das vom Titel Bezeichnete zu jenen unerhörten Begebenheiten, die seit Goethes zeitgenössischer Definition ›Novellen‹ und nicht nur (sehr viel vager) ›Erzählungen‹ heißen.**[43] Allerdings definierte GOETHE erst knapp zwei Jahrzehnte später, am 25.1.1827, in einem Gespräch mit Eckermann die Novelle als **eine sich ereignete unerhörte Begebenheit.**

Bei einem Vergleich zwischen dem Erstdruck und der Buchfassung fällt noch ein weiterer Unterschied auf. Während der Text im *Morgenblatt* in 31 Absätze gegliedert ist, besteht die Buchversion nur noch aus drei großen Abschnitten. Der erste endet am Abend nach dem Erdbeben mit dem Einschlafen der Geretteten (58), der dritte beginnt mit den Vorbereitungen zum Aufbruch der Gruppe aus dem Tal in die Stadt, wo sie am Gottesdienst teilzunehmen gedenkt. (**Inzwischen war der Nachmittag herangekommen** [...]; 62.) Vermutlich waren ökonomische Gründe seitens des Verlags ausschlaggebend, da ohne diese äußere Straffung in der Buchausgabe ein neuer Halbbogen hätte angebrochen werden müssen. Andererseits darf nicht außer Acht gelassen werden, dass KLEIST sein Einverständnis gab und vielleicht einen Vorteil darin sah, dass **dem Text durch die strenge Dreiteilung zugleich eine noch schärfere innere Dynamik verliehen**[44] wurde. In späteren Drucken ist freilich zumeist wieder die ursprüngliche Untergliederung in 31 Absätze übernommen worden.

2.2   Der Erzähleingang

Was das äußere Handlungsgerüst und den Geschehensablauf betrifft, so ist die Dreiteilung der Novelle offenkundig. Auf die Zerstörung Santiagos durch das Erdbeben folgt das idyllische Zusammensein der Überlebenden im Tal vor der Stadt, und den Schlussteil bilden, beginnend mit der Rückkehr in die Stadt, die Ereignisse in und vor der Kirche. Diese Hauptabschnitte sind jeweils in sich noch untergliedert.

Zunächst verdient der Erzähleingang besondere Beachtung. Im ersten Satz wird der Leser **unvermittelt** [...] **in die Vorgänge hineingerissen**.[45] Eine Vielzahl an Informationen, die jede für sich schon außergewöhnlich genug sind, werden in diesem komprimierten syntaktischen Gefüge untergebracht und zueinander in Beziehung gesetzt: Ort und Zeit der Handlung, die Naturkatastrophe, die immensen Todesopfer und parallel dazu das individuelle Schicksal des jungen inhaftierten Spaniers, der sich im Moment **der großen Erderschütterung** (51) das Leben nehmen will. Sozusagen mit einem Paukenschlag als Ouvertüre wird der Leser konfrontiert mit einer Situation, die gleich mehrere **unerhörte Begebenheiten** umfasst. Die dabei erzeugte Spannung bleibt danach noch eine Zeit lang in der Schwebe: Welche Auswirkungen im Einzelnen hat das Erdbeben? Was konkret wird dem **auf ein Verbrechen** angeklagten Jeronimo vorgeworfen? Wird er seine Selbstmordabsicht in die Tat umsetzen?

Die Novelle beginnt mit diesem **dramatisch isolierten Augenblick**[46], vom zweiten Satz an wird dann in einer **aufbauenden Rückwendung**[47] die Vorgeschichte nachgeholt. Wiederum auf engstem Raum zusammengedrängt werden die bisherigen Etappen einer Liebesgeschichte vorgetragen.

Konfliktauslösend war der ein Jahr zurückliegende Verstoß gegen ein gesellschaftliches Tabu, indem der Hauslehrer Jeronimo mit der Tochter seines reichen und adeligen Arbeitgebers ein Liebesverhältnis aufnimmt, das vom Bruder des Mädchens verraten wird. Die zur Wiederherstellung und Festigung des sozialen Rangunterschieds durch die familiäre Obrigkeit verfügten Sanktionen treffen die junge Frau zuerst ungleich härter: Sie wird in ein Kloster eingesperrt. Infolge fortgesetzter Verbotsüberschreitung – Jeronimo weiß Josephe wieder zu treffen und macht **in einer verschwiegenen Nacht den Klostergarten zum Schauplatze seines vollen Glückes** (51) – kommt zur Verletzung der gesellschaftlichen Normen noch die eines religiösen Tabus hinzu. Es wird als **unerhörte** Provokation empfunden, dass ausgerechnet während einer Fronleichnamsprozession eine Novizin auf den Stufen der Kathedrale, bei Glockengeläute, **in Mutterwehen** (51) niedersinkt.

Die anschließend beschriebenen öffentlichen Reaktionen auf diesen **Skandal** sind entsprechend: Die kirchliche Obrigkeit, repräsentiert durch den Erzbischof, verlangt in inquisitorischer Manier den **Feuertod** (52), die staatliche Obrigkeit in Gestalt des Vizekönigs wandelt den Richterspruch um in **Enthauptung**. Komplettiert wird das von KLEIST hier skizzierte gesellschaftliche Panorama durch die ausdrückliche Erwähnung der Volksstimmung: Die **Matronen und Jungfrauen von St. Jago** (52) sind entrüstet über die Abmilderung des Urteils, die **frommen Töchter der Stadt** erwarten sensationslüstern das Schauspiel der vermeintlich **göttlichen Rache** (52) in der Hinrichtungszeremonie. Das Verhalten des Volks im Erzähleingang korrespondiert mit den verhängnisvollen Übergriffen der Menge am Schluss der Novelle.

Die Rückwendung führt zur Erzählgegenwart des ersten Satzes zurück mit dem Hinweis, dass der inzwischen ebenfalls arretierte Jeronimo, der nach einem gescheiterten Fluchtversuch verschärften Haftbedingungen ausgesetzt ist, sich unter dem Geläute der Hinrichtungsglocken anschickt, gleichzeitig mit Josephe aus dem Leben zu scheiden:

> Eben stand er, wie schon gesagt, an einem Wandpfeiler, und befestigte den Strick, der ihn dieser jammervollen Welt entreißen sollte, an eine Eisenklammer, die an dem Gesimse derselben eingefügt war; als plötzlich der größte Teil der Stadt, mit einem Gekrache, als ob das Firmament einstürzte, versank, und alles, was Leben atmete, unter seinen Trümmern begrub. (52 f.)

Die Paradoxie seiner unverhofft gewendeten Lage wird dadurch sinnfällig, dass er sich nun an demselben **Pfeiler, an welchem er hatte sterben wollen,** festhält **um nicht umzufallen** (53).

2.3   Die Naturkatastrophe

Das Erdbeben mit seinen Folgen wird, abgesehen von eingestreuten kleineren Bemerkungen, im Wesentlichen in drei Passagen geschildert. Die erste ist ganz in der Perspektive des fliehenden Jeronimo gehalten. Dass er überhaupt unversehrt aus dem zusammenbrechenden Gefängnis entweichen kann, verdankt er dem Umstand, dass das gegenüberstehende Gebäude gleichzeitig einstürzt und auf diese Weise für die Dauer weniger Augenblicke **eine zufällige Wölbung** (53)[48] entsteht, eine Lücke, durch die er hinausschlüpfen kann. Sein Fluchtweg, mitgeteilt in **jagendem Tempo** in den **neunmal anaphorisch angestauten**[49] ›hier-Sätzen‹ (vgl. 53), lässt trotz oder vielleicht sogar wegen der subjektiven Perspektive ein beinahe realistisches Bild des ›allgemeinen Verderbens‹ entstehen. Jeronimo hastet, **indessen der Tod von allen Seiten Angriffe auf ihn** (53) macht, zwischen umherfliegenden Trümmern, Feuersbrünsten und den Flutwellen des Mapocho-Flusses hindurch, vorbei an Toten und Sterbenden, an Rettern und Hilflosen, an Menschen und Tieren, die um ihr Leben kämpfen. Als er das Chaos der Stadt hinter sich gelassen hat, tritt eine erste Zäsur in der Schilderung des Erdbebens ein: Die Unfassbarkeit des Gesehenen zwingt ihn in eine Ohnmacht.

Kleist spricht in dieser ersten Passage ausdrücklich von der zerstörenden **Gewalt der Natur** (55), also vom physikalischen Aspekt des Ereignisses. Die Nennung des Mapocho-Flusses mag zwar an die Authentizität des Schauplatzes Santiago de Chile denken lassen, doch entsprechen die architektonischen Verwüstungen eher den zeitgenössischen Berichten über das Erdbeben von Lissabon. Mit diesen stimmen auch die Zeitangabe, nämlich der Beginn des Bebens am Vormittag, überein sowie die Flucht der Bewohner ins freie Umland, während die Überlebenden in Santiago 1647 hauptsächlich Zuflucht zum zentralen Platz in der Metropole nahmen.[50] Und auch die Inquisition ging nicht in Chile, sondern in Lissabon ans Werk, wie Voltaire es im Candide satirisch in Szene gesetzt hat.

Der zweite Katastrophenbericht in der Novelle wird wenig später, nach dem unverhofften Wiedersehen, aus der Rückschau von Josephe und aus ihrer Perspektive gegeben. Dabei dominiert anfänglich der Ton der unmittelbaren Betroffenheit, mit dem ihre Erlebnisse beschrieben werden: das Auseinandersprengen des Hinrichtungszuges, die Rettung des Kindes aus dem brennenden Kloster, der mitangesehene Tod der wohlwollenden Äbtissin. Doch dann kommt ein reflexives Moment hinzu. In gezielter Selektion ist nacheinander vom Tod des Erzbischofs, vom Schutt der Kathedrale, vom versunkenen Palast des Vizekönigs, vom völligen Verschwinden ihres Vaterhauses und von den Trümmern des Gefängnisses die Rede – also von der Vernichtung all jener Institutionen, die vor dem allgemeinen Zusammenbruch die Liebenden in ihre aussichtslose Lage getrieben hatten. Es scheint so, als seien Jeronimo und Josephe rehabilitiert, während die feindseligen Instanzen ihre Strafe bekommen haben.

Die dritte Erdbeben-Passage ist eingebettet in den Mittelteil der Novelle, in die Tal-Episode am Tag nach der Katastrophe. Die Idylle bleibt nicht ungestört, Mitteilungen über noch nicht bekannte Unglücke zerreißen vorübergehend die abgehobene Stimmung der Leute im Tal. **Man erzählte, wie die Stadt gleich nach der ersten Haupterschütterung von Weibern ganz voll gewesen, die vor den Augen aller Männer niedergekommen seien** (60). Dies ist ein deutlicher, um ein Vielfaches potenzierter Rückbezug auf die Mutterwehen Josephes auf der Treppe zur Kathedrale, die zum Skandal führten. Zugleich finden sich Vorausweisungen auf den dritten Teil der Erzählung, wenn es in einem apokalyptischen Bild heißt, dass die Mönche (in ihrem Keuschheitsgebot als Kontrapunkt zu den Weibern zu sehen) **mit dem Kruzifix in der Hand umhergelaufen** seien **und geschrieen hätten: das Ende der Welt sei da!** (60). Am Schluss ist es ja der Dominikaner-Chorherr, der von der Kanzel herab die versammelte Gemeinde drohend an das **Weltgericht** (64) gemahnt. Beispiele von Befehlsverweigerung gegenüber den Vertretern der Staatsmacht, der Wache des Vizekönigs, sowie die übereilte Exekution Unschuldiger auf einen bloßen Verdacht hin deuten auf das fatale Ausmaß der Anarchie am Schluss der Novelle voraus. Dies gilt gleichermaßen für die von KLEIST erwähnten unkontrollierten Plünderungen, die übrigens nicht von der historischen Katastrophe in Chile überliefert sind, wohl aber von Lissabon – beispielsweise in GOETHES DICHTUNG UND WAHRHEIT (vgl. S. 8 f. dieser Arbeit).

2.4   Die utopische Idylle im Mittelteil

Nachdem der aus der zerstörten Stadt geflohene Jeronimo aus seiner tiefen Ohnmacht erwacht ist, nimmt er die ihn umgebende Wirklichkeit zunächst nur partiell wahr. Noch ist ihm die Erinnerung nicht in vollem Umfang zurückgekehrt. Er ist ganz erfüllt von der elementaren kreatürlichen Freude, am Leben geblieben zu sein: […] **ein unsägliches Wonnegefühl ergriff ihn, als ein Westwind, vom Meer her, sein wiederkehrendes Leben anwehte, und sein Auge sich nach allen Richtungen über die blühende Gegend von St. Jago hinwandte** (54). Als ihm allmählich klar wird, weshalb er und die anderen Flüchtlinge sich an diesem Ort befinden, weint er sogar **vor Lust** angesichts **des lieblichen Lebens, voll bunter Erscheinungen** (54). In diesen wenigen Sätzen, die von KLEISTS prägnanter Psychologisierungskunst zeugen, ist bereits ein **Hauch des Idyllischen**[51] spürbar, der Leser und Protagonist vorbereitet auf den märchenhaften Raum, in den die Liebenden wenig später eintreten. Zuvor aber muss Jeronimo das tiefste Tal der Hoffnungslosigkeit durchschreiten, indem er, bei wieder ganz funktionierendem Gedächtnis, an Josephes Hinrichtung denkt und gar deren angeblichen Vollzug von einer vorbeieilenden Frau bestätigt bekommt. Umso größer erscheint nach dieser Niedergeschlagenheit sein Glück, als er in jenem anderen, paradieshaften Tal Josephe und das Kind tatsächlich wiederfindet. Bezeichnenderweise aber relativiert KLEIST auch hier die Idylle mit einem fast versteckten, halb (auf die Vorgeschichte) zurückweisenden, halb (auf das Ende) vorausdeutenden Signal: Im Moment ihrer höchsten Seligkeit nennt er das Paar nicht die Glücklichen, sondern **die Unglücklichen, die ein Wunder des Himmels gerettet hatte** (55).

Erst nach der oben schon erwähnten Unterbrechung, in der Josephes Weg in den zurückliegenden Stunden nachgezeichnet wird, folgt dann die genauere Ausmalung dieses idyllischen Orts. Auf den ersten Blick kann man annehmen, einen realistisch beschriebenen Landschaftsausschnitt vor sich zu haben: ein von Pinien beschattetes Tal im Mondschein, eine Quelle, Moos und Laub, auf denen die Geretteten sich **sanfte Lager** (57) bereiten; dann, als nochmalige Steigerung, das einsame Plätzchen, zu dem Jeronimo und Josephe sich zurückziehen, um das **Gejauchz ihrer Seelen** (58) zu verheimlichen: der im Mondlicht Schatten werfende Granatapfelbaum **voll duftender Früchte**, in dessen Wipfel eine Nachtigall **ihr wollüstiges Lied** flötet (58).

Diese reale Landschaft ist jedoch zugleich eine künstliche, eine literarische. Sie ist ausgestattet mit allen charakteristischen Merkmalen des so genannten ›locus amoenus‹ (= Lustort; amoenus = anmutig, lieblich). Der ›locus amoenus‹ bildet seit der antiken Literatur, vor allem bei Vergil, bis zum 16. Jahrhundert **das Hauptmotiv aller Naturschilderung.**[52] Die Künstlichkeit dieser Landschaftsbeschreibung entspricht dem trügerischen, weil nur vorübergehenden und gleichsam außerhalb der eigentlichen (städtischen) Wirklichkeit angesiedelten Glück Jeronimos und Josephes. Auch in anderen Werken hat KLEIST in ähnlicher Weise seinen Liebenden **inmitten bedrängter Zustände** den Aufenthalt in einem märchenhaften **Raum des Heiligen**[53] gegönnt, beispielsweise Gustav und Toni in DIE VERLOBUNG IN ST. DOMINGO oder Littegarde und Friedrich von Trota in DER ZWEIKAMPF – allerdings immer nur für kurze Zeit.

Im ERDBEBEN IN CHILI hat KLEIST einige Hinweise gegeben, die auf das Illusionshafte dieser Idylle deuten. Das Refugium erscheint den Wiedervereinigten, **als ob** es das Tal von Eden gewesen wäre (57; Hervorhebung von mir; H. K.). Es wird sogar expressis verbis gesagt, dass es sich um ein fiktionales, ein poetisches Wunschbild handelt: Die ganze Szene ist gehüllt in **die schönste Nacht [...], voll wundermilden Duftes, so silberglänzend und** still, wie nur ein *Dichter* davon *träumen* **mag** (57; Hervorhebungen von mir; H. K.).

Während KLEIST in der ersten Hälfte des Mittelteils der Novelle die private **Seligkeit** (57) Jeronimos und Josephes in diese literarisierte Ideallandschaft einbettet, entfaltet er in der zweiten Hälfte eine ebenso scheinhafte und vorübergehende Sozialutopie. Der Einschnitt wird durch die dazwischenliegende Nacht markiert. Am nächsten Morgen bittet Don Fernando die ihm bekannte Josephe anstelle seiner Frau, die beim Erdbeben verwundet wurde, seinen kleinen Sohn zu stillen. Josephe begründet ihre Bereitschaft mit den Worten: [...] **in diesen schrecklichen Zeiten weigert sich niemand, von dem, was er** *besitzen* **mag, mitzuteilen** (59; Hervorhebung von mir; H. K.). Im Gegenzug teilt die Familie Don Fernandos dann ihr Frühstück mit Jeronimo und Josephe. Diese beiden Handlungen sind auch sinnbildlich zu verstehen. Im Gegensatz zu der anfänglichen starr fixierten Hierarchie (die nicht zuletzt die Besitzverhältnisse repräsentiert), soll nun eine Aufweichung der ökonomischen Diskrepanzen angedeutet werden. Hinzu kommt eine Umkehr der vor der Katastrophe herrschenden moralischen Normen. Die gerade vierundzwanzig Stunden zuvor noch Geächteten und Abgeurteilten werden jetzt **mit vieler Vertraulichkeit und Güte behandelt. [...] Es war, als ob die Gemüter, seit dem fürchterlichen Schlage, der sie durchdröhnt hatte, alle versöhnt wären** (59). Relativierend ist freilich erneut dieses **als ob** eingeflochten und steht als vorausweisender Ausdruck dafür, dass zwar die Familie Don Fernandos, nicht aber die später in der Kirche anwesende größere Gesellschaft die Verstöße gegen ihre moralischen und religiösen Tabus zu verzeihen bereit ist.

Zunächst aber können die Liebenden sich in einem euphorischen Hochgefühl der **Wollust** wiegen. Josephe dünkt **sich unter den Seligen** (60), als sie die mitfühlende Anteilnahme Donna Elvires erfährt. Und diese hilfsbereite Zuwendung bleibt nicht auf Einzelne beschränkt, sie ergreift alle, die sich in der Abgeschiedenheit des Tals eingefunden haben. Die Versöhnung wird allgemein und ausdrücklich auch ständeübergreifend: Fürsten und Bettler, Staatsbeamte und Tagelöhner, Klosterherren und Klosterfrauen, Bauern und auch jene Matronen, die sich vor dem Erdbeben so über Josephe ereifert hatten – alle scheinen **zu** *einer* **Familie** (61) zusammengewachsen zu sein. Hatte KLEIST zuvor von der zerstörenden **Gewalt der Natur** gesprochen, so ist nun vom **Umsturz aller Verhältnisse** (61) die Rede. Damit wird auf die Verbrüderung im *sozialen* Sinne hingewiesen, auf die Überwindung der Ständeschranken. Die Ziele der Französischen Revolution sind unter diesen Ausnahmebedingungen tatsächlich realisiert. Dieser Utopieentwurf KLEISTS ist den Vorstellungen ROUSSEAUS sehr nahe. Das wird noch unterstrichen dadurch, dass dieser idyllische Mittelteil in eine ländliche Umgebung verlegt ist, während Anfang und Ende der Novelle die denaturierte Gesellschaft in der Stadt zeigen. Dass es ein geistiges Prinzip, eine Idee ist, die hier wirksam wird, betont KLEIST bildhaft-eindringlich: **Und in der Tat schien [...] der menschliche Geist selbst, wie eine schöne Blume, aufzugehn** (60).

Der **Umsturz aller Verhältnisse** ist von einer außerordentlichen Zunahme an Humanität im zwischenmenschlichen Zusammenleben begleitet. **Beispiele von ungeheuern Taten** werden erzählt, von ›**Römergröße**‹, ›**Unerschrockenheit**‹, ›**freudiger Verachtung der Gefahr**‹, ›**Selbstverleugnung**‹ und ›**Aufopferung**‹ (61).

> Ja, da nicht einer war, für den nicht an diesem Tage etwas Rührendes geschehen wäre, oder der nicht selbst etwas Großmütiges getan hätte, so war der Schmerz in jeder Menschenbrust mit so viel süßer Lust vermischt, daß sich, wie sie meinte, gar nicht angeben ließ, ob die Summe des allgemeinen Wohlseins nicht von der einen Seite um ebenso viel gewachsen war, als sie von der anderen abgenommen hatte. (61)

Diese Stelle klingt wie eine Zustimmung zu den Thesen der Theodizee von LEIBNIZ (und WOLFF), dass das Übel in der Welt letztlich ihrer Vervollkommnung diene (s. S. 9 dieser Arbeit). Zugleich scheint KLEIST den Ambivalenzgedanken KANTS aufgegriffen zu haben, der daran erinnerte, dass dem Erdbebenunglück ja auch eine beträchtliche positive Kehrseite entspreche (s. S. 15 dieser Arbeit).

2.5   Die menschliche Katastrophe

Das Ende der Novelle nimmt solche Ansätze gründlich zurück. Die utopische Idylle wird radikal zerstört. Der erste Teil war von Hoffnungslosigkeit der Protagonisten geprägt. Diese wurde im Mittelteil vorübergehend von Hoffnung abgelöst, sodass die beiden Liebenden ihre Emigrationspläne aufgeben und an eine Reintegration in die veränderte Gesellschaft glauben konnten. Im Schlussteil nun, mit der Verlagerung des Handlungsschauplatzes zurück in die Stadt, schlägt diese Zuversicht erneut in Hoffnungslosigkeit um. Und diese wirkt umso schlimmer, als jetzt nicht mehr eine Naturgewalt, sondern von Menschen zu verantwortendes Fehlverhalten die Ursache der Katastrophe ist. Mit der Restauration der vormaligen gesellschaftlichen Verhältnisse geht eine zunehmende Enthumanisierung einher. Die Kirche missachtet das Gebot der verzeihenden Nächstenliebe und besinnt sich stattdessen auf den alten Geist der Inquisition. Der gleichsam urchristliche Zustand im ›Tal von Eden‹ fällt dem klerikalen Autoritätsanspruch zum Opfer. Unter anmaßender und missbräuchlicher Auslegung der Entscheidungen Gottes – der Chorherr beschwört den Vergleich mit Sodom und Gomorrha herauf (vgl. 64) – wird der eigene, de facto weltliche

Machtanspruch mit allen Mitteln der Demagogie durchgesetzt. KLEIST weicht hier bewusst ab von der besonnenen Predigt des historischen Bischofs von Santiago im Jahre 1647 (s. S. 7 dieser Arbeit), desgleichen von der Toleranz des aufgeklärten Inka-Königs bei Marmontel (s. S. 19 dieser Arbeit). Vielmehr übt er indirekt die gleiche Kritik an der katholischen Kirche wie VOLTAIRE, der im CANDIDE die inquisitorische Praxis satirisch anprangert. Dahinter steht die außer von VOLTAIRE auch von ROUSSEAU und KANT vertretene Auffassung, dass es den Menschen nicht anstehe, Gottes Handeln verstehen und erklären zu wollen (s. S. 11 f. und S. 15 dieser Arbeit).

Auch im Volk bricht die bereits zu Beginn der Novelle bewiesene Gnadenlosigkeit gegenüber den ›Sündern‹ wieder durch. Die Versammlung im Dom lässt sich von dem agitatorischen Dominikanerprediger in eine Massenhysterie treiben, die schließlich in mörderischen Terror ausartet. Der Fanatismus führt zu Wahn und Verblendung, zu solch grauenhaften Auswüchsen der Unmenschlichkeit, dass Jeronimos Vater seinen eigenen Sohn erschlägt[53a], der Schuhflicker Pedrillo einen Säugling an einem Kirchenpfeiler zerschmettert, andere ohne Prüfung ihrer Identität hingemetzelt werden. KLEIST schildert mit krasser Anschaulichkeit die Gräueltaten, die der **wütende Haufen** der **Mordknechte** (66) verübt. Dieser Schluss ist ein unvergleichliches Inferno, nur darstellbar mit den **Stilmitteln der naturalistischen Groteske.**[54] In erster Linie ist es der niedere Pöbel, der gegen die adeligen Verteidiger der Humanität, namentlich gegen Don Fernando, diesen Rückfall in die Barbarei inszeniert. (Zu den sozialen Aspekten s. S. 37 ff. dieser Arbeit.)

Strukturell bildet dieser dritte Teil der Novelle den extremen Kontrast zu dem paradieshaften Intermezzo im ›Tal von Eden‹. Es scheint, als hätte KLEIST den ROUSSEAU'schen Traum von einer freien, in Gleichheit und Brüderlichkeit lebenden menschlichen Gesellschaft vor allem deshalb so eindringlich gestaltet, um ihn dann umso drastischer ad absurdum zu führen. Er zerstört **am Ende seines Werks jegliche Hoffnung auf ein goldenes Zeitalter.**[55] Und doch wird dieser Eindruck in seiner unerhörten Wucht durch den rätselhaften letzten Satz gedämpft. Nach dem Tod ihres eigenen Kindes adoptieren Don Fernando und Donna Elvire den **in Sünde gezeugten** Sohn Jeronimos und Josephes: [...] **und wenn Don Fernando Philippen mit Juan verglich, und wie er beide erworben hatte, so war es ihm fast, als müßt er sich freuen** (69). Die Tragödie endet mit den Worten **sich freuen.** Worin der Hoffnungsschimmer dieses Ausblicks liegen könnte, das ist eine Frage, mit der die KLEIST den Leser ohne klare Hilfestellung entlässt. (Vgl. dazu S. 36 f. dieser Arbeit.)

3 Thematik

3.1 Metaphysische Aspekte

KLEISTS Weltanschauung zur Entstehungszeit der Erzählung, also um 1806, war sehr komplex. Er hatte zu dieser Zeit, kaum dreiunddreißig Jahre alt, bereits mehrere Lebenskrisen hinter sich. 1799 hatte er Rühle von Lilienstern eine Abhandlung gewidmet mit dem Titel: *AUFSATZ, DEN SICHERN WEG DES GLÜCKS ZU FINDEN UND UNGESTÖRT – AUCH UNTER DEN GRÖSSTEN DRANG-SALEN DES LEBENS – IHN ZU GENIESSEN!* Mehr fordernd als zuinnerst überzeugt umreißt er dort seinen Anspruch ans Leben:

> Wenn das Glück nur allein von äußeren Umständen, wenn es also vom Zufall abhinge, mein Freund, und wenn Sie mir auch davon tausend Beispiele anführten; was mit der Güte und Weisheit Gottes streitet, kann nicht wahr sein. Der Gottheit liegen die Menschen alle gleich nahe am Herzen, nur der bei weitem kleinste Teil ist indes der vom Schicksal begünstigte, für den größten wären also die Genüsse des Glücks auf immer verloren. Nein, mein Freund, so ungerecht kann Gott nicht sein, es muß ein Glück geben, das sich von den äußeren Umständen trennen läßt, alle Menschen haben ja gleiche Ansprüche darauf, für alle muß es also in gleichem Grade möglich sein. (II, 302)

Es ist **ein schon recht angestrengter Optimismus**[56], der aus diesen Zeilen spricht. Immerhin klingen KLEISTS Argumente durchaus noch theodizeehaft, wenn er die Gerechtigkeit, Güte und Weisheit Gottes gegen alle unglücklichen Zufälle verteidigt.

In der deutschen Literatur des ausgehenden 18. Jahrhunderts konnte KLEIST eine Reihe gewichtiger Stimmen vernehmen, die sich im Sinne der LEIBNIZ'schen Theodizee äußerten. J. G. Herder wetterte in seinen *IDEEN ZUR PHILOSOPHIE DER GESCHICHTE DER MENSCHHEIT* gegen den großen französischen Skeptiker: **Es war ein unphilosophisches Geschrei, das Voltaire bei Lissabons Sturz anhob, da er beinah lästernd die Gottheit deswegen anklagte.**[57] Besonders bekannt war Albrecht von Hallers schon 1734 entstandene versifizierte Theodizee *ÜBER DEN URSPRUNG DES ÜBELS*. **Vielleicht ist unsre Welt**, so heißt es dort, **die wie ein Körnlein Sand/ Im Meer der Himmel schwimmt, des Übels Vaterland.** Die Erklärung dafür fällt ganz im Sinne von LEIBNIZ aus: **Und dieser Punkt der Welt von mindrer Trefflichkeit/ Dient in dem großen All zu der Vollkommenheit;/ Und wir, die wir die Welt im kleinsten Teile kennen,/ Urteilen auf ein Stück, das wir vom Abhang trennen./ Nein, deine Huld, o Gott, ist allzu offenbar.**[58] Auch Heinrichs Vorfahr, der Dichter Ewald von Kleist, hatte empfindsame Theodizee-Lyrik geschrieben. Und nicht zuletzt bei seinem naturwissenschaftlichen Lehrer, Professor Christian Wünsch in Frankfurt an der Oder, fand KLEIST ähnliche Gedanken, insbesondere in dessen KOSMOLOGISCHEN UNTERHALTUNGEN (2. Aufl. 1791–98).[59]

KLEISTS persönliche Lebensgestaltung und geistige Entwicklung schwankten, wie seine Briefe zeigen, in diesen Jahren beträchtlich. Früh fasste er den Vorsatz, sich aus eigener Kraft zu bilden und zu vervollkommnen, seinen (mehrmals revidierten) **Lebensplan** (II, 473 und öfter) zu verwirklichen. Er nahm 1799 Abschied vom Militär, weil ihm dort **immer zweifelhaft war**, ob er **als Mensch oder als Offizier handeln** müsse (II, 479). Beides miteinander zu vereinen hielt er für unmöglich, es stand seiner eigenen moralischen Ausbildung entgegen. Diese aber war seine heiligste Pflicht und in zahlreichen suggestiven Briefen versuchte er, auch seine Braut Wilhelmine von Zenge davon zu überzeugen. KLEIST widmete sich verschiedenen Studien, Jus und Kameralia, Mathematik und Philosophie. Die Begegnung mit der Erkenntnistheorie IMMANUEL KANTS stürzte ihn in tiefe Depression:

> Wenn alle Menschen statt der Augen grüne Gläser hätten, so würden sie urteilen müssen, die Gegenstände, welche sie dadurch erblicken, *sind* grün – und nie würden sie entscheiden können, ob ihr Auge ihnen die Dinge zeigt, wie sie sind, oder ob es nicht etwas zu ihnen hinzutut, was nicht ihnen, sondern dem Auge gehört. So ist es mit dem Verstande. Wir können nicht entscheiden, ob das, was wir Wahrheit nennen, wahrhaft Wahrheit ist, oder ob es uns nur so scheint. Ist das letzte, so *ist* die Wahrheit, die wir hier sammeln, nach dem Tode nicht mehr – und alles Bestreben, ein Eigentum sich zu erwerben, das uns auch ins Grab folgt, vergeblich – [...] Seit diese Überzeugung, nämlich, daß hienieden keine Wahrheit zu finden ist, vor meine Seele trat, habe ich nicht wieder ein Buch angerührt. (II, 634)

KLEIST fühlte danach in sich **eine unaussprechliche Leere** (II, 635) und ihn **ekelt vor allem, was Wissen heißt** (II, 636). Freilich war er ein halbes Jahr zuvor schon von profunder Skepsis gegenüber allem philosophischen Theoretisieren erfüllt gewesen:

> Über den Zweck unseres ganzen *ewigen* Daseins nachzudenken, auszuforschen, ob der Genuß der Glückseligkeit, wie *Epikur* meinte, oder die Erreichung der Vollkommenheit, wie *Leibniz* glaubte, oder die Erfüllung der trocknen Pflicht, wie *Kant* versichert, der letzte Zweck des Menschen sei, das ist [...] unfruchtbar und oft verderblich. (II, 565)

Einen Aufenthalt in der Großstadt Paris, die er mit den Augen des Zivilisationskritikers ROUSSEAU sah (s. S. 17 dieser Arbeit), brach KLEIST ab, um ein bäuerliches Leben auf dem Lande zu beginnen. Er suchte nach verkäuflichen Gütern in der Schweiz und ließ sich eine Zeit lang auf einer einsamen Insel bei Thun in der Aare nieder. Infolge finanzieller Probleme endete auch dieses Vorhaben mit einer Desillusionierung. Sein anschließender

Versuch, wieder im preußischen Staatsdienst tätig zu sein, scheiterte an mangelnder gesundheitlicher und seelischer Stabilität. Verschlimmert wurde sein Zustand durch den als schwere Demütigung empfundenen napoleonischen Siegeszug.

Aus KLEISTS Briefen ist ersichtlich, dass parallel zu diesen Krisen in seinem Leben und seinem Denken auch seine Einstellung zur göttlichen Vorsehung schwankte. Am 21. Juli 1801 schrieb er an Wilhelmine von Zenge:

> So wie eine unbegreifliche Fügung mich schnell unglücklich machte, kann nicht eine ebenso unbegreifliche Fügung mich ebenso schnell glücklich machen? Und wenn auch das nicht wäre, wenn auch der Himmel kein Wunder täte, worauf man in unsern Tagen nicht eben hoffen darf, habe ich denn nicht auch Hülfsmittel in mir selbst? (II, 668)

Aber noch im selben Brief konstatiert er: **Und doch – o wie unbegreiflich ist der Wille, der über uns waltet!** (II, 670). Einen Monat später klagt er gegenüber der Verlobten, **daß wir selbst im Tode noch nicht ahnden, was der Himmel mit uns will,** dass **niemand den Zweck seines Daseins und seine Bestimmung kennt,** dass **die menschliche Vernunft nicht hinreicht, sich und die Seele und das Leben und die Dinge um sich zu begreifen.** Die Klage mündete in die Frage: [...] **kann Gott von solchen Wesen *Verantwortlichkeit* fordern?** (II, 683). Die mitunter wohl auch von Stimmungen abhängige Wechselhaftigkeit gegenüber metaphysischen Problemen, seine Unsicherheit und Ratlosigkeit formuliert KLEIST im August 1806 in zwei verschiedenen Briefen gleich lautend: **Es kann kein böser Geist sein, der an der Spitze der Welt steht: es ist bloß ein unbegriffener!** (II, 766; vgl. auch II, 768).

Allerdings hat KLEIST zu dieser Zeit anstelle der theoretisierenden Metaphysik bereits ein anderes Terrain für sich entdeckt, wo er Fragen aufwirft und Antworten sucht und den Leser auffordert mitzusuchen: die Dichtung. DAS ERDBEBEN IN CHILI dokumentiert dies wohl eindringlicher als jedes andere seiner Werke. Auch zeigt diese Novelle besonders deutlich, dass KLEIST keine wohlfeilen Erklärungen anbietet. Schon die dreigliedrige Struktur betont die Rätselhaftigkeit des Geschehens, das vielerlei Paradoxien umfasst: Warum werden Jeronimo und Josephe gerade in *dem* Augenblick durch ein Erdbeben gerettet, da sie dem sicheren Tod entgegensehen? Kann ein solch außerordentliches Zusammentreffen nichts als Zufall sein oder ist es planvolle Fügung? Wenn aber die göttliche Vorsehung diese Naturkatastrophe herbeigeführt hat, warum mussten dann so viele andere umkommen, und warum werden die beiden Geretteten dann kurz darauf unter noch qualvolleren Umständen doch vom Tode ereilt? Ist das nicht ungeheurer Zynismus?

Es ist zunächst zu fragen, ob die Beurteilung dieser Ereignisse durch die Personen der Handlung selbst Aufschluss geben kann. In der existenziellen Grenzsituation, in der Jeronimo sich am Anfang im Gefängnis befindet, versagt seine Verstandeskraft: [...] **überall, wohin ihn auch der Fittig der vermessensten Gedanken trug, stieß er auf Riegel und Mauern** (52). Als letzte Zuflucht erscheint ihm der Hilferuf an eine transzendente Instanz: **Er warf sich vor dem Bildnisse der heiligen Mutter Gottes nieder, und betete mit unendlicher Inbrunst zu ihr, als der einzigen, von der ihm jetzt noch Rettung kommen könnte** (52). Er scheint jedoch kein Gehör zu finden und beschließt in verzweifelter Hoffnungslosigkeit, freiwillig aus **dieser jammervollen Welt** zu scheiden (52). Als er dann vor den Toren der Stadt doch unversehrt aus seiner Ohnmacht erwacht, betet er erneut, um **Gott für seine wunderbare Errettung zu danken** (54). Unmittelbar danach aber wirft ihn der Gedanke an Josephes Hinrichtung wieder in **tiefe Schwermut** zurück: [...] **sein Gebet fing ihn zu reuen an, und fürchterlich schien ihm das Wesen, das über den Wolken waltet** (54). Wie in dieser Formulierung, so klingt auch in der folgenden eine der oben zitierten brieflichen Äußerungen KLEISTS über Gott mit an: Jeronimo *begriff nicht, warum* er dem Tod, den er suchte, entronnen sei (55; Hervorhebung von mir; H. K.). Als dann das ganz Unwahrscheinliche dennoch eintritt und er die Geliebte wiederfindet, erinnert er sich erneut an Maria, an die er sich zuerst gewandt hatte. In seinem höchsten Glücksgefühl verschmelzen diese beiden in seiner Emotion sogar miteinander, wenn er im Moment, da er Josephe erkennt, ausruft: **O Mutter Gottes, du Heilige!** (55). Im nächsten Satz heißt es dann, dass **ein Wunder des Himmels** (55) Jeronimo und Josephe gerettet habe.

Als Zwischenfazit lässt sich festhalten, dass je nach der Situation bzw. ihrer Einschätzung durch Jeronimo ein mehrfacher Wechsel zwischen Gottnähe und -ferne, zwischen dem Glauben an gütige Lenkung und verzweifeltem Verlassenheitsgefühl zu beobachten ist.

Auch in Josephes Rettungsgeschichte, die sie ja aus der glücklichen Rückschau erzählt, ist wiederholt in metonymischer Form von einer wohlwollend wirkenden transzendenten Instanz die Rede. Die junge Frau rettet ihren Sohn aus dem brennenden Kloster, **als ob alle Engel des Himmels sie umschirmten** (56), und flieht mit dem **teuern Knaben, den ihr der Himmel wieder geschenkt hatte** (56), aus der Stadt in das idyllische Tal. Bei beiden Protagonisten werden religiöse Bezüge ganz überwiegend aus ihrer subjektiven Perspektive dargestellt. Diese erreicht ihren Höhepunkt am Ende des Tages, der sie zwischen den äußersten Extremen hin- und hergerissen hatte: Sie **waren sehr gerührt, wenn sie dachten, wie viel Elend über die Welt kommen mußte, damit sie glücklich würden!** (58). Und noch einmal, am folgenden Morgen, ist Josephe von der gleichen, ganz durch die eigene Subjektivität geprägten religiösen Dankbarkeit durchdrungen: **Ein Gefühl, das sie nicht unterdrücken konnte, nannte den verfloßnen Tag, so viel Elend er auch über die Welt gebracht hatte, eine Wohltat, wie der Himmel noch keine über sie verhängt hatte** (60).

Bis zu dieser Stelle könnte man, abgesehen von Jeronimos situationsbedingten Zweifeln, die Erzählung lesen als eine Bestätigung des metaphysischen Optimismus, wie ihn vor allem die deutsche Philosophie und Literatur des 18. Jahrhunderts bekräftigte. Der Schlussteil der Novelle aber bringt eine fundamentale Abkehr von dieser Weltansicht. Es ist ein Musterbeispiel für tragische Ironie, wenn KLEIST seine weibliche Hauptfigur in der Phase ihrer innigsten religiösen ›Begeisterung‹ erklären lässt, **daß sie den Drang, ihr Antlitz vor dem Schöpfer in den Staub zu legen, niemals lebhafter empfunden habe, als eben jetzt, wo er seine unbegreifliche und erhabene Macht so entwickle** (62). Das Antlitz, das sie dankbar vor Gott zu verneigen gedenkt, wird wenig später nicht in Demut, sondern zerschmettert auf der Erde liegen. Zum zweiten Mal nach der Rettung durch das Erdbeben, und wieder in einem nicht erwarteten Sinne, zeigt sich durch die erneute Wendung der Dinge die **unbegreifliche und erhabene Macht** Gottes. Der objektive Fortgang des Geschehens widerlegt die subjektive Einschätzung durch die Personen der Handlung. Die Katastrophe beginnt mit dem Verlassen des gleichsam urgesellschaftlichen Zustands im idyllischen Tal und dem Bestreben, das unmittelbare Dankbarkeitsgefühl auch mittelbar durch Einbindung in das kirchliche Ritual zum Ausdruck zu bringen. Bis zum Anfang der Predigt dauert die tragische Illusion der beiden Liebenden, die die **unglückliche Ahndung** (63) Donna Elvires ignorieren. Bis dahin können sie sich in die Gemeinschaft der Gläubigen wiederaufgenommen fühlen: **Niemals schlug aus einem christlichen Dom eine solche Flamme der Inbrunst gen Himmel, wie heute aus dem Dominikanerdom zu St. Jago; und keine menschliche Brust gab wärmere Glut dazu her, als Jeronimos und Josephens!** (64). Von da an stellen die Liebenden keinen Bezug zu Gott mehr her, weder direkt noch in metonymischer Form. Kurz danach, angesichts der tödlichen Bedrohung, bittet Josephe Don Fernando, sie ihrem **Schicksale** (67) zu überlassen. Daraus spricht nicht mehr der zuversichtliche Glaube an göttliche Lenkung, sondern die fatalistische Ergebenheit in ein nicht verstehbares Geschick.

Jetzt hingegen usurpieren der Klerus und der Pöbel den Anspruch, dass Gott auf ihrer Seite stehe. Viermal in den vier Sätzen, in denen der erste Teil der Predigt resümiert wird, bezieht sich der Chorherr auf die göttliche Autorität: indem er mit demonstrativer Gebärde die **Hände hoch gen Himmel** erhebt, indem er dafür dankt, dass noch Menschen dazu fähig seien, **zu**

Gott empor zu stammeln, indem er apodiktisch erklärt, das Erdbeben sei auf den Wink des Allmächtigen geschehen (64), und indem er behauptet, dass das Ausmaß der Katastrophe nur dank der unendlichen Langmut Gottes (64 f.) nicht noch größer gewesen sei. Die subjektive Interpretation des Erdbebens durch den Dominikaner steht der vorherigen Beurteilung desselben Ereignisses durch Jeronimo und Josephe diametral entgegen. Während für das Paar vor allem das Wunder der eigenen Rettung im Vordergrund steht, das eine Vergebung ihrer aus Liebe begangenen Verfehlung einschließt, beschwört der Priester und Andächtler, um mit ROUSSEAU zu sprechen (s. S. 12 dieser Arbeit), einen Vergleich mit dem Weltgericht (64) herauf und deutet das Erdbeben als Strafe Gottes für die Sittenverderbnis in Santiago. Beide Parteien also interpretieren gleichermaßen anthropozentrisch das objektive Naturereignis jeweils in ihrem Sinne. Der Kirchenvertreter denkt und handelt dabei völlig unchristlich, indem er die juristische Schonung Jeronimos und Josephes gottlos nennt, Verwünschungen gegen sie ausstößt und ihre Seelen allen Fürsten der Hölle (65) übergibt.

Er liefert damit – nicht ohne Absicht – die Stichworte, die die Volksmenge aufgreift. Als diese gottlosen (65) und gotteslästerlichen Menschen (66) identifizieren anonyme Stimmen das Paar, damit der Fürst der satanischen Rotte (68), der Schuster Pedrillo, sein Mordhandwerk beginnen kann. Diese zum Teil fast wörtlichen Wiederholungen bringen zum Ausdruck, dass der Chorherr sein Ziel erreicht hat. Statt des himmlischen Prinzips herrscht nun das höllische in und vor der Kirche. Diese Widersprüchlichkeit erscheint pointiert in der ironisch zu verstehenden ›Contradictio in adjecto‹ von heiliger Ruchlosigkeit (65): Das Adjektiv widerspricht dem Substantiv.[60] Durch indirekte Anspielungen auf biblische Sprache und Vorgänge wie […] steinigt sie! steinigt sie! die ganze im Tempel Jesu versammelte Christenheit! (66) werden Jeronimo und Josephe in die Nähe von Märtyrern gerückt und sie verhalten sich ja auch als solche. Der Mob verdammt die ungetrauten Eltern als gottlos, handelt aber selbst mit seiner Lynchjustiz unmenschlich.

Beide Seiten sind am Ende der Novelle gottlos – wenn auch in unterschiedlichem Sinne. Die Protagonisten, die sich im idyllischen Mittelteil der himmlischen Protektion erfreuen zu können glaubten, sind nun von Gott verlassen und sich selbst überlassen. Die vom Priester aufgestachelte satanische Rotte entfernt sich so weit wie nur denkbar von allen göttlichen Geboten, insbesondere von dem der christlichen Nächstenliebe. Das metaphysische Vakuum wird gefüllt, indem das Attribut göttlich auf einen Menschen übergeht: auf Don Fernando. Dieser göttliche Held (68) stellt sich den blutdürstenden (67) Fanatikern entgegen; nachdem er den Tod mehrerer Menschen, darunter den seines kleinen Sohnes Juan, nicht hat verhindern können, hebt er, **voll namenlosen Schmerzes, seine Augen gen Himmel** (68). KLEIST lenkt damit auch den fragenden Blick des Lesers auf die stumm und teilnahmslos bleibende transzendente Instanz.

Im Nachhinein wird offenkundig, dass Jeronimo und Josephe sich im paradieshaften Tal einer trügerischen Hoffnung hingegeben haben. Der ›Deus absconditus‹, der verborgene Gott, antwortet nicht, bleibt ›unbegriffen‹. In der Rückschau erscheint ihr imaginiertes Geborgenheitsgefühl nur noch **als bloße Reminiszenz einstigen Gottvertrauens.**[61] Die Hauptfiguren und mit ihnen die Leser sehen sich mit der Rätselhaftigkeit des Lebens in einer undurchschaubaren Welt und mit der Unergründbarkeit des göttlichen Willens konfrontiert. Am Schluss wird die zentrale Bedeutung des **als ob** als Signum der ersten beiden Teile der Novelle vollends klar. Aus der Rückschau erhält der von KLEIST am Anfang inszenierte Zufall der Rettung, **gerade weil er glücklich ist, den Charakter einer Erkenntnisfalle.**[62] Die metaphyische Verankerung des menschlichen Bewusstseins hat ihren Halt verloren, alle Gewissheit erscheint am Ende als illusorisch. KLEIST steht in dieser Hinsicht der philosophischen Skepsis VOLTAIRES und den resignativen Einsichten seines Candide (s. S. 10 f. und S. 13 f. dieser Arbeit) wesentlich näher als den optimistischen Theodizeen des 18. Jahrhunderts. Und indem er in seiner **an der Schwelle zum neuen Jahrhundert** geschriebenen Erzählung **brennpunktartig die religiösen und metaphysischen Spekulationen der verflossenen Epoche aufnimmt**[63], leistet er zugleich einen substanziellen künstlerischen Beitrag zu diesen Theodizee-Diskussionen. Doch die Bedeutung des Erdbebens in Chili erschöpft sich nicht in der Negation eines harmonistischen Weltbilds. Die politisch-soziale Relevanz, besonders im Blick auf die Französische Revolution, sowie die spezifische Erzählkunst KLEISTS sind weitere wichtige Aspekte dieses vielschichtigen Texts. Sie sollen in den folgenden Kapiteln erörtert werden.

Zunächst aber ist noch einmal nach dem Stellenwert des rätselhaften Schlusssatzes zu fragen. Wird die These, dass KLEIST in der Novelle darauf verzichtet, **die Gewalt des Schicksals in einer sinnstiftenden Deutung zu bändigen**[64], durch einen vagen Hoffnungsschimmer im Erzählausgang relativiert? Philipp, der nach kirchlichen und gesellschaftlichen Normen ›in Sünde‹ gezeugte Sohn Jeronimos und Josephes, überlebt die Katastrophe. Vielfach ist dies als ein symbolhafter Vorgang ausgelegt worden. Hermann Pongs beispielsweise sieht in dem geretteten **Kind der Liebe** sogar den **sinnbildlichen Mittelpunkt** der Erzählung. KLEIST habe sich hier **für seinen Glauben an die metaphysische Macht der Liebe objektive Gültigkeit** erzwungen. Zudem offenbare sich an Philipp **ein Sinn der Gnade: in der lebendigen Unschuld, die im Kinde immer wieder ins Leben tritt, löscht sich Schuld und Irrtum der Menschen aus.**[65]

In der neueren Forschung wird solchen Ansichten zumeist widersprochen. Wenn man die Rettung Philipps als göttliche Fügung interpretiere, so argumentierte Werner Hamacher, begehe man **denselben Verständnisfehler**[66] wie zuvor Jeronimo und Josephe, als sie das Erdbeben lediglich unter dem subjektiven Aspekt ihrer eigenen Rettung erfassten. Die Annahme eines planvollen Waltens der göttlichen Vorsehung würde nämlich eine Rechtfertigung der zahllosen Todesopfer bei der Naturkatastrophe und am Schluss auch des Mords an Juan implizieren. Eine heilsgeschichtliche Erklärung für diese Opfer ist jedenfalls nicht schlüssig. Im Gegenteil: Hamacher hat einleuchtend ausgeführt, dass KLEIST durch deutliche Parallelen zum Neuen Testament die Figur des Philipp bewusst so angelegt hat, dass sich die anfänglich an sie geknüpfte Erlöserhoffnung gerade nicht erfüllt.

Auf eine Analogie zur biblischen Heilsgeschichte wird unübersehbar hingewiesen, als Jeronimo im **Tal von Eden** beim Anblick Josephes und Philipps in von KLEIST **kalkulierter Zweideutigkeit**[67] ausruft: **O Mutter Gottes, du Heilige!** (55). Dadurch **fällt ein Abglanz der heiligen Familie auf die beiden Liebenden und das Kind.**[68] Auch die nur leicht abgewandelte Namensgebung bei einigen Personen der Handlung lässt an ein **christologisches Modell** denken: Josephe trägt den weiblichen Namen des biblischen Ziehvaters Christi. Und der Name des anderen Kindes, Juan, ist eine Übersetzung von Johannes und erinnert an jene Gestalt, deren **Empfängnis und Leben vom Lukas- und Markus-Evangelium in Parallele zu denen Christi dargestellt wird.**[69] Elisabeth, der Name der Mutter des biblischen Johannes, ist hier übertragen auf die Schwester der Mutter des kleinen Juan, Donna Elisabeth. KLEIST setzt also einige Signale, die Philipp zunächst als eine Art **Reinkarnation Christi**[70] erscheinen lassen können. Ein mit Philipp gegebenes **Erlösungsversprechen** könnte jedoch nur **durch das Opfer seines eigenen Lebens eingelöst werden.**[71] In der Novelle hingegen stirbt statt seiner ein anderer, Juan. Die Analogie zum neutestamentlichen Geschehen wird also ganz absichtlich an dieser Stelle abgebrochen: **Der Erlöser wird erlöst, aber der erlöste Erlöser ist keiner.**[72] Der überlebende Philipp ist demnach nicht Symbol für die Versöhnung mit Gott, sondern allegorischer Ausdruck für **das Scheitern der in seiner Figur angelegten Intention aufs Symbol**[73], d. h., an Philipp wird gerade die Nicht-Erfüllung des Erlösungsversprechens demonstriert. Damit ist im Text zugleich die Hoffnung auf eine transzendent verbürgte Heilsgewissheit zerschlagen.

In diesem Sinne passt sich der Schluss ein in das der Gesamtstruktur der Novelle zugrunde liegende dreiteilige Schema von Hoffnungslosigkeit, unbegreiflicher Hoffnung und ebenso unbegreiflicher Zerstörung dieser Hoffnung. Und auch der letzte Satz kann nicht einfach, wie oft geschehen, als hoffnungsvoller Ausblick verstanden werden: [...] **wenn Don Fernando**

Philippen mit Juan verglich, und wie er beide erworben hatte, so war es ihm fast, als müßt er sich freuen (69). Der Erzähler nennt keinerlei Gründe für eine eventuelle Freude Don Fernandos beim Vergleich der Kinder und der Art, wie er zu ihnen gekommen ist. Dies bleibt rätselhaft genug und auch die dreifache Relativierung darf nicht übersehen werden: so war es ihm – fast – als müßt [nicht könne!] er sich freuen. Diese Unsicherheit, der mentale Schwebezustand Don Fernandos, ist viel eher Ausdruck seiner nach den Ereignissen fortdauernden Irritation. Der Schlusssatz bildet gleichsam den **Schwindel des Bewußtseins**[74] nach, der den Menschen nach dem Verlust des Vertrauens auf ein universales Sinnkonzept erfasst hat.

3.2 Politische und soziale Aspekte

Mit wenigen charakteristischen Strichen skizziert KLEIST am Anfang seiner Novelle die Sozialstruktur der chilenischen Hauptstadt. Die Protagonisten leben in einer streng hierarchisch gegliederten Gesellschaft und verstoßen mit ihrer Liebe gegen deren Gesetze. Die zärtliche Beziehung des Hauslehrers Jeronimo zu Donna Josephe, der Tochter eines **der reichsten Edelleute** (51) Santiagos, missachtet die ständischen Schranken, die der Adel zwischen sich und den niedrigeren sozialen Schichten errichtet hat und deren Einhaltung er strikt überwacht. Wenn es heißt, dass Don Henrico Asteron von dem verbotenen Verhältnis seiner Tochter **durch die hämische Aufmerksamkeit seines *stolzen* Sohnes** (51; Hervorhebung von mir; H. K.) erfährt, so zeigt dies, dass der Bruder sein Standesbewusstsein über die geschwisterliche Bindung zu Josephe stellt. Das gesellschaftliche Gesetz rangiert über dem Gebot der Menschlichkeit.

Aber Don Henrico Asteron ist nicht nur adelig, er ist auch sehr wohlhabend. Jeronimo dagegen muss man sich gemäß seiner abhängigen Angestelltenposition eher als arm vorstellen. Das schützt ihn anfänglich sogar vor einer Bestrafung. Die sozialen und materiellen Barrieren sind nicht nur von unten nach oben, sondern in diesem Falle auch von oben nach unten wirksam. So wird zunächst nur Josephe Opfer der patriarchalischen Gewalt ihres Vaters, der sie in ein Kloster einsperren lässt. Auch für ihn steht die Beachtung der Standesgesetze über dem individuellen Glück seiner Tochter. Die **Klassenunterschiede werden nach Geburt und Besitz begründet und durch die Normierung des Geschlechtslebens der Frau gewahrt.**[75]

Der zweite Stand, der Klerus, unterstützt diese Machtverteilung, da sie den eigenen Interessen entspricht. Die kirchliche Hierarchie korrespondiert mit der sozialen Rangordnung. Nachdem Jeronimo und Josephe mit ihrer Liebesnacht im Klostergarten und dem unehelichen Kind nicht nur ein gesellschaftliches, sondern auch ein religiöses Tabu verletzt haben, fallen die kirchlichen Sanktionen noch rigoroser aus als zuvor die väterlichen. Es kommt zu einer regelrechten Rivalität zwischen geistlicher und weltlicher Obrigkeit. Der Erzbischof ist es, der befiehlt, dass Josephe **der geschärfteste Prozeß** (51) gemacht und sie zum Tod auf dem Scheiterhaufen verurteilt wird. Der Vizekönig kann (und will) allenfalls die inquisitorische Verbrennungszeremonie verhindern und die Enthauptung der Delinquentin verfügen.

Das Volk, hier repräsentiert durch die entrüsteten **Matronen und Jungfrauen von St. Jago** (52), hat den klerikalen Moralkodex internalisiert, obwohl es im Prinzip am meisten davon betroffen ist. Ausdrücklich heißt es, dass die *frommen* **Töchter der Stadt** (52; Hervorhebung von mir; H. K.), vielleicht in bigotter Empörung der Zukurzgekommenen, die Exekution besonders begierig erwarten. Das Verhalten der vom Chorherrn aufgehetzten **Bürger** (diese Bezeichnung wird dreimal verwendet) am Schluss der Novelle wird hier bereits vorweggenommen, wenn die Eliminierung derer, die gegen die Normen verstoßen haben, als Schauspiel der *göttlichen* Rache (52; Hervorhebung von mir; H. K.) ausgegeben wird. Zwar werden der Klerus und sein weit reichender Einfluss nicht pauschal negativ dargestellt, aber die Stimme der um Nachsicht bittenden Äbtissin findet weder beim Erzbischof noch bei den Bürgern Gehör. KLEISTS satirisch-gesellschaftskritische Absicht wird besonders deutlich, wenn er einzelne Vorkehrungen erwähnt, die die Bevölkerung trifft, um das Hinrichtungsspektakel möglichst ungehemmt genießen zu können. Indem man die Fenster an Schaulustige vermietet, wird offenkundig, dass sich sittlich-religiöse Entrüstung und Profitmacherei sehr wohl miteinander verbinden lassen. Und die pharisäerhafte Pervertierung christlichen Verhaltens wird besonders eklatant, wenn zur Befriedigung der Sensationsgier die Dächer der Häuser abgetragen werden. Ein bibelkundiger Leser kommt nicht umhin, jene Stelle im Neuen Testament zu assoziieren, wo Christus einen Gichtbrüchigen heilt, den Gläubige zuvor durch ein abgedecktes Dach zu ihm ins Haus hinabgelassen hatten (vgl. Lukas 5,17–21). Eine Kontrastanalogie, die die Entfernung des Klerus und der Kirchenhörigen vom ursprünglichen Christentum entlarvt.

Die soziale Brisanz der Erzählung liegt freilich nicht allein in der verbotenen Liebe eines armen Hauslehrers zu seiner gesellschaftlich höher stehenden Schülerin. KLEIST und seinen Lesern war dieses Motiv im Übrigen aus der Literatur der Empfindsamkeit und des Sturm und Drang hinlänglich bekannt. Herausragende Beispiele sind ROUSSEAUS Briefroman *LA NOUVELLE HÉLOÏSE* und das Theaterstück *DER HOFMEISTER* von Reinhold Jakob Michael Lenz. Auch in VOLTAIRES *CANDIDE* übrigens kommt der Problematik der unstandesgemäßen Liebe eines Hauslehrers zentrale Bedeutung zu. Der Eklat der unerlaubten Beziehung zwischen dem bürgerlichen Jeronimo und der adeligen Josephe, über die sich die feudal strukturierte chilenische Gesellschaft des 17. Jahrhunderts so indigniert zeigt, bildet ja lediglich die Exposition der Novelle. Zusätzlichen politischen und sozialen Sprengstoff für das zeitgenössische Publikum liefert KLEIST durch die unübersehbaren Parallelen zwischen dem Gesamtverlauf seiner fiktionalen Handlung und der kaum eineinhalb Jahrzehnte zurückliegenden Französischen Revolution.

Der Gewalt des Erdbebens, das eine denaturierte Gesellschaftsordnung zusammenbrechen lässt, entspricht die Gewalt des Ausbruchs der großen Revolution, die die sozialen und ökonomischen Fundamente des Ancien Régime zerstört. (KLEIST verwendet einen damals durchaus gängigen Topos, wenn er die politische Umwälzung in Form einer Naturkatastrophe darstellt.) Der Einsturz des Gefängnisses, durch den am Anfang der Novelle Jeronimo die Freiheit erlangt, lässt möglicherweise an den Sturm auf die Bastille denken, mit dem 1789 die Pariser Unruhen begonnen haben.

Aufschlussreich ist indessen KLEISTS Abweichung von der traditionellen, namentlich von ROUSSEAU geprägten Vorstellung von der gesellschaftlichen Entwicklung der Menschheit: Das dreistufige Schema von einem ursprünglich paradiesischen Naturzustand über die entfremdete Gegenwart hin zu einem in der Zukunft wiederzugewinnenden Paradies – KLEIST selbst hat dies in seinem Essay *Über das Marionettentheater* (1810) ähnlich und zustimmend beschrieben – ist in der Erzählung *Das Erdbeben in Chili* entscheidend verändert. Hier folgt auf den denaturierten Gesellschaftszustand vorübergehend eine paradiesartige Phase, die wieder zerstört und dann abgelöst wird von einer inhumanen Herrschaftsstruktur, in der erneut die alten Mächte dominieren. Dies lässt sich durchaus als implizite Kritik am Verlauf der Französischen Revolution verstehen, deren Ideale und Ziele KLEIST durch den außer Kontrolle geratenen Terror unter Robespierre und durch die partielle Restauration der vormaligen Verhältnisse durch Napoleon verraten sah. (Vgl. oben S. 17.)

Obwohl sich erstaunlicherweise in KLEISTS Werken und Briefen keine dezidierten Stellungnahmen zur Französischen Revolution finden, kann seine Erzählung doch als Ablehnung dieses historischen Prozesses gedeutet werden. KLEISTS Kritik gilt dabei hauptsächlich dem unkontrollierten Ausbruch und Ablauf dieser Umwälzung, nicht aber in gleichem Maße ihren politischen und sozialen Ursachen.

In seiner kleinen Schrift *Über die allmähliche Verfertigung der Gedanken beim Reden* äußert KLEIST eine in diesem Zusammenhang sehr interessante Mutmaßung:

Ich glaube, daß mancher große Redner, in dem Augenblick, da er den Mund aufmachte, noch nicht wußte, was er sagen würde. Aber die Überzeugung, daß er die ihm nötige Gedankenfülle schon aus den Umständen, und der daraus resultierenden Erregung seines Gemüts schöpfen würde, machte ihn dreist genug, den Anfang, auf gutes Glück hin, zu setzen. Mir fällt jener ›Donnerkeil‹ des Mirabeau ein, mit welchem er den Zeremonienmeister abfertigte, der nach Aufhebung der letzten monarchischen Sitzung des Königs am 23. Juni, in welcher dieser den Ständen auseinander zu gehen anbefohlen hatte, in den Sitzungssaal, in welchem die Stände noch verweilten, zurückkehrte, und sie befragte, ob sie den Befehl des Königs vernommen hätten? ›Ja‹, antwortete Mirabeau, ›wir haben des Königs Befehl vernommen‹ – ich bin gewiß, daß er bei diesem humanen Anfang, noch nicht an die Bajonette dachte, mit welchen er schloß: ›ja, mein Herr‹, wiederholte er, ›wir haben ihn vernommen‹ – man sieht, daß er noch gar nicht recht weiß, was er will. ›Doch was berechtigt Sie‹ – fuhr er fort, und nun plötzlich geht ihm ein Quell ungeheurer Vorstellungen auf – ›uns hier Befehle anzudeuten? Wir sind die Repräsentanten der Nation.‹ – Das war es was er brauchte! ›Die Nation gibt Befehle und empfängt keine.‹ – um sich gleich auf den Gipfel der Vermessenheit zu schwingen. ›Und damit ich mich Ihnen ganz deutlich erkläre‹ – und erst jetzo findet er, was den ganzen Widerstand, zu welchem seine Seele gerüstet dasteht, ausdrückt: ›so sagen Sie Ihrem Könige, daß wir unsere Plätze anders nicht, als auf die Gewalt der Bajonette verlassen werden.‹ – Worauf er sich, selbstzufrieden, auf einen Stuhl niedersetzte. – Wenn man an den Zeremonienmeister denkt, so kann man sich ihn bei diesem Auftritt nicht anders, als in einem völligen Geistesbankerott vorstellen; nach einem ähnlichen Gesetz, nach welchem in einem Körper, der von dem elektrischen Zustand Null ist, wenn er in eines elektrisierten Körpers Atmosphäre kommt, plötzlich die entgegengesetzte Elektrizität erweckt wird. Und wie in dem elektrisierten dadurch, nach einer Wechselwirkung, der ihm innewohnende Elektrizitätsgrad wieder verstärkt wird, so ging unseres Redners Mut, bei der Vernichtung seines Gegners zur verwegensten Begeisterung über. Vielleicht, daß es auf diese Art zuletzt das Zucken einer Oberlippe war, oder ein zweideutiges Spiel an der Manschette, was in Frankreich den Umsturz der Ordnung der Dinge bewirkte. Man liest, daß Mirabeau, sobald der Zeremonienmeister sich entfernt hatte, aufstand, und vorschlug: 1) sich sogleich als Nationalversammlung, und 2) als unverletzlich, zu konstituieren. (II, 320 f.)

Eine unkalkulierte, spontane Reaktion wäre nach dieser höchst subjektiven Theorie Auslöser der – folglich improvisierten – Französischen Revolution gewesen. KLEIST sieht diesen Vorgang als Affekthandlung und entsprechend bedeutet der spezifische triadische Geschehensverlauf mit der Lynchjustiz des Mobs am Ende des ERDBEBENS IN CHILI eine Kritik der faktischen Unreife der revolutionären Massen bzw. der sich mit Robespierre verselbständigenden Terror, nicht jedoch [...] eine Kritik der ›Hauptgedanken‹ [...] der Revolution.[76] Die Idylle im Mittelteil der Erzählung, in der die Ideale von Freiheit, Gleichheit und Brüderlichkeit realisiert zu sein scheinen, bleibt, daran ist noch einmal zu erinnern, ein kurz befristeter, ›traumhafter‹ Zustand. Nur für wenige Stunden haben sich nach **dem Umsturz aller Verhältnisse** (61) Menschen aller Stände **zu** *einer* **Familie** (61) zusammengefunden und leben in toleranter Koexistenz.

KLEISTS Kritik am Ständestaat und seine negative Einstellung zum Adel lassen sich auf den ersten Blick mit einer viel zitierten Passage aus dem Brief vom 13. November 1800 an seine Braut präzisieren: Dort schreibt er: **[…] weg mit allen Vorurteilen, weg mit dem Adel, weg mit dem Stande –** *gute Menschen* **wollen wir sein und uns mit der Freude begnügen, die die Natur uns schenkt.** *Lieben* **wollen wir uns und** *bilden,* **und dazu gehört nicht viel Geld […]** (II, 587). Bei genauerer Betrachtung des Kontextes wird allerdings ersichtlich, dass KLEIST nicht grundsätzlich für eine Abschaffung des Adels plädiert, etwa gemäß den Beschlüssen der französischen Nationalversammlung vom 4. August 1789 und vom 19. Juni 1790, sondern ihm geht es dabei in erster Linie um die Verwirklichung seines eigenen privaten Glücks mit der Adressatin des Briefs. Bezeichnenderweise ist ja die sich gegen Ende der Novelle immer mehr profilierende Figur ein Adeliger: Don Fernando. **Kleist ist nicht für eine Revolution, sondern für eine Evolution, die durch eine adäquate Erziehung vorbereitet wird.**[77] Er argumentiert ganz im (konservativen) Sinne SCHILLERS: **[…] wird ein Mensch, dem so lange der Gebrauch gewisser Kräfte untersagt war, in deren freien Gebrauch wieder eingesetzt, so muß er erst lernen, von dieser Freiheit Gebrauch zu machen […]** (II, 404 f.). Die Bürger im *ERDBEBEN IN CHILI* haben diese Lektion noch nicht gelernt. Es ist aber keineswegs abwegig anzunehmen, dass KLEIST mit seinen Erzählungen, in denen mit dem alten Denken gebrochen und zu neuem Nachdenken aufgefordert wird, seinen Beitrag zu diesem Erziehungsprozess leisten wollte.

4   Die Personen

Es wurde schon gesagt, dass KLEIST keine fertigen Lösungen anbietet. Vielmehr kann man beinahe sein gesamtes literarisches Werk verstehen als die Suche nach solchen Lösungen. Seine Dichtung ist, wie Karl Otto Conrady dargelegt hat, **Erkundung und Erprobung menschlicher Verhaltensweisen.**[78] Demzufolge sind seine Personen nicht so sehr **um ihrer selbst willen durchgestaltete Menschen,** sondern eher **funktionale Figuren.**[79] Sie werden in Situationen gezeigt, die ihnen unausweichlich abverlangen zu handeln, sich zu verhalten. Dabei ist beispielsweise auffällig, dass die unterschiedlichsten Charaktere jeweils mit den gleichen Gebärden wie Erröten, Erblassen oder Ohnmacht reagieren, wenn sie in eine Lage geraten sind, die sie überfordert. Solche Gebärden erscheinen als überindividuell, fast als austauschbar. Ferner ist zu beobachten, dass der Autor einzelne Nebenfiguren unvermittelt auftauchen lässt, wo seine Erzählstrategie es erforderlich macht, und dann verschwinden sie wieder. So etwa gegen Ende der Novelle der Marineoffizier, der Don Fernando zu Hilfe kommt, oder Jeronimos Vater, der seinen Sohn identifiziert und erschlägt.

Selten hat in KLEISTS Erzählungen der Leser teil an detaillierten seelischen Vorgängen der Personen, vielmehr erlebt er sie vorwiegend als Agierende. Was KLEIST

> dichtend erstellt, sind Konstellationen, in denen er, was in der Realität nicht möglich, menschliches Handeln und seine Bedingungen unter bestimmten Voraussetzungen und in bestimmten Verhältnissen, die Verhältnisse der leidvoll erfahrenen Welt sind, erprobt, um Möglichkeiten des Bestehens für die wirkliche Welt, verbindliche Wahrheiten für die Bestimmung des Lebens zu gewinnen; allerdings nicht in der Weise abziehbarer handgreiflicher Lehren und Anweisungen […].[80]

In diesem Sinne deutet Conrady das ›Moralische‹ in KLEISTS Erzählungen.

4.1   Jeronimo

In einer schier unvorstellbaren Extremsituation befinden sich am Anfang der Novelle Jeronimo und Josephe, die der Autor ja dem ursprünglichen Titel zufolge als Protagonisten während des Erdbebens ›in Szene setzen‹ wollte (vgl. S. 20 dieser Arbeit). Jeronimo reagiert zunächst auf die mitleidlosen Sanktionen, mit denen die Gesellschaft seine unerlaubte Liebesbeziehung zu Josephe ahndet, mit Selbstmordabsicht. Das Leben ist ihm **verhaßt,** ein Strick soll **ihn dieser jammervollen Welt entreißen** (52). In der

Flucht aus der ausweglosen Realität sieht er den einzigen ihm verbliebenen Handlungsspielraum. Helmut J. Schneider hat auf die autobiografische Parallele hingewiesen, dass Jeronimos Einsicht in die Vergeblichkeit planvollen Strebens nach Glück durchaus der Lebenserfahrung des Autors Kleist entspricht.[81]

Aber gerade in dem Moment, als Jeronimo die äußerste Konsequenz zu ziehen im Begriff ist, eröffnet sich ihm durch das Erdbeben die denkbar unwahrscheinlichste Rettungsmöglichkeit. Durch die Naturkatastrophe wird er **in ein unvermutetes Glück hineingeschleudert.**[82] Doch scheint es, **als ob** dadurch erst recht **sein ganzes Bewußtsein zerschmettert worden wäre** (53). Er flieht **besinnungslos** (53), d. h. unfähig zu klarer Reflexion über seine ins andere Extrem gewendete Lage. Schließlich fällt er – gleichsam ersatzweise für die nicht vollzogene Flucht aus dem Leben durch den Freitod – in Ohnmacht. Wie zuvor durch die gewaltige Erderschütterung der Boden unter seinen Füßen schwankte, so schwankt Jeronimo im Folgenden zwischen Hoffnung und Hoffnungslosigkeit, wird er zwischen dankbar gläubiger Zuversicht und verständnisloser Verzweiflung am Schicksal hin- und hergerissen, bis er im **Tal von Eden** Josephe und das Kind wiederfindet. Er ist ein Spielball gegensätzlicher Zufälle, sinnvolles Walten einer göttlichen Autorität vermag er nicht zu erkennen. Daraus ergeben sich Orientierungs- und Hilflosigkeit im weiteren Verlauf der Ereignisse. Seine Rolle beschränkt sich danach fast nur noch auf passives Reagieren. Bemerkenswert ist, dass er in die Kommunikation zwischen Josephe und Don Fernando und seiner Familie nur am Rande miteinbezogen wird. Dagmar C. G. Lorenz diagnostiziert sogar eine eigentliche **Inkompetenz**[83] Jeronimos beim Versuch, sein Kind gegen die Mörder zu verteidigen. Im Schlussteil der Novelle jedenfalls tritt er zugunsten des handlungsbereiten Don Fernando immer mehr in den Hintergrund, ja geradezu in eine vor dem fanatisierten Pöbel zunächst schützende Anonymität, aus der er erst durch den Opfertod heraustritt, der ihn wieder mit Josephe verbindet.[84] Jeronimo wird dabei von Don Fernando **als Fokus des narrativen Interesses so sehr verdrängt, daß sein Tod bloß mit einem (recht abrupten) Satz berichtet zu werden braucht.**[85] Er und Josephe erfüllen am Ende **die Funktion von Sündenböcken**[86] für die Lynchjustiz der aufgebrachten Masse. Weder von irdischer noch von himmlischer Gerechtigkeit kann hier die Rede sein.

Kann bzw. muss man von Schuld sprechen? Nach den gesellschaftlichen und klerikalen Gesetzen ist die ›anmaßende‹ Liebe Jeronimos zu Josephe eine untolerierbare Schuld. Urteilt man jedoch nach dem Gebot mitfühlender Menschlichkeit, so sind die Liebenden freizusprechen. Dies scheint anfänglich auch die von Menschen unbeeinflusste wunderbare Rettung der beiden zu bestätigen. Die grausame Vernichtung des für kurze Zeit wiedergewonnenen Glücks am Ende kann vom Leser nur als unverstehbar, als rätselhaft empfunden werden. Zu negativ sind jene dargestellt, die eine ›göttliche‹ Strafe meinen vollstrecken zu müssen: der demagogische Chorherr und der von ihm verführte Mob.

Einen entscheidenden Fehler allerdings begeht Jeronimo, als er im Mittelteil der Erzählung den **Umsturz aller Verhältnisse** (61) für einen dauerhaften Zustand hält, deshalb die düsteren Vorahnungen Donna Elisabeths ignoriert und **seinen Entschluß, sich nach Europa einzuschiffen** (61), aufgeben will. Josef Kunz erklärt diese fatale Fehleinschätzung mit dem **Begriff der tragischen Blindheit**[87] und deutet Jeronimos Schuld als ein **Verkennen der Dimension des Wirklichen** und ein **Sich-Verlieren in eine Erfüllung**[88], bedingt durch die allgemeine Euphorie der märchenhaften Idylle im Tal vor der Stadt. Kunz argumentiert dann weiter:

> Warum aber die Blindheit in der Tragik der Liebenden? Auf diese Frage ist wohl nur eine Antwort möglich: Weil nur so, d. h. in der Blindheit für das Ausmaß des tragischen Leides, Menschen den Mut besitzen, sich in das Glück der Erfüllung einzulassen. Nur so kann sich der letzte Daseinssinn offenbaren. In diesem Sinne kann auch die Schuld der Liebenden, wie jede tragische Schuld, nur als culpa felix et necessaria verstanden werden.[89]

Relativierend bleibt freilich festzuhalten, dass Jeronimos durch die Ungeheuerlichkeit des vorangegangenen Geschehens gänzlich **zerschmettertes Bewußtsein** ihm selbstverantwortliches und frei entscheidendes Handeln ebenso unmöglich macht wie die borniere Feindlichkeit der am Schluss restaurierten Machtverhältnisse, die eine ungehemmte und humane Selbstverwirklichung des Individuums nicht zulassen.

4.2 Josephe

Die Situation, in die sich Josephe versetzt sieht, ist vergleichbar mit der Jeronimos. Sie wird durch die Gesetze ihres eigenen Standes daran gehindert, über Liebe und Glück selbst zu bestimmen. Auch sie ist ohnmächtiges Opfer der herrschenden gesellschaftlichen Verhältnisse. Als Frau ist sie zudem wehrlos einem von Männern geprägten Moralkodex ausgeliefert. Das Kloster, in das ihr Vater sie nach ihrem ›Fehltritt‹ einsperrt, entspricht dem Gefängnis, in das Jeronimo gebracht wird. Ihr Rettungsweg nach dem Erdbeben wird vom Erzähler zeitlich nach dem Jeronimos aus der Rückschau berichtet. Doch dabei werden einige charakteristische Unterschiede deutlich, die Josephe besonders konturieren. Nach dem Auseinandersprengen des Hinrichtungszuges kehrt ihr, schneller als Jeronimo, **die Besinnung** [...] **bald wieder** (56). Mit mütterlichem Instinkt denkt sie sogleich an ihren Sohn, für den sie ihr eben erst ›wiedergewonnenes‹ Leben erneut riskiert, um ihn aus den Flammen des zusammenbrechenden Klosters zu bergen. Mit der ans Legendenhafte erinnernden Formulierung **als ob alle Engel des Himmels sie umschirmten** (56) umgibt der Erzähler sie (und den kleinen Philipp) mit einer geheimnisvollen Aura.[90] Besonnenheit zeigt Josephe, als sie der vor ihren Augen getöteten Äbtissin **in einem Akt liebevoller Pietät**[91] noch die Augen schließt, bevor sie aus dem Inferno flieht. Sie scheint sogar **durch das Entsetzen gestärkt** und achtet bei ihrer Flucht **nicht mehr auf die Greuel, die sie umringten** (57). Im **Tal von Eden** wird sie noch einmal besonders hervorgehoben, indem der Erzähler durch Jeronimos zweideutigen Ausruf **O Mutter Gottes, du Heilige!** (55) und durch diese Pose, mit dem Kind an einer Quelle sitzend, die Assoziation an die Heilige Familie wachruft. (Dass alle Parallelen zu biblischen Vorgängen später in ihr krasses Gegenteil verkehrt werden, wurde bereits oben ausgeführt; vgl. S. 36 dieser Arbeit.)

Josephe ist zuerst auf die Rettung ihres Kindes bedacht, dann erst kommt ihr das Schicksal Jeronimos ins Gedächtnis. Ausdrücklich heißt es, dass dieser **ihr**, *nach* **dem kleinen Philipp, der liebste auf der Welt war** (57; Hervorhebung von mir; H. K.). Beim Anblick der Vernichtung all der Instanzen, die sie zuvor unbarmherzig verfolgt und gestraft hatten, empfindet sie weder Genugtuung noch Rachegefühle, nur **Jammer** (56). Josephe ist es, die mitfühlend die verletzte Donna Elvire umsorgt; sie ist, wie gesagt, die Wortführerin bei der Vereinigung mit der Gruppe von Don Fernando; sie leistet Hilfe, indem sie ohne unnatürliche Prüderie dessen Sohn Juan die Brust reicht. In unüberhörbarem Anklang an SCHILLER betont KLEIST die ganze **Würdigkeit und Anmut ihres Betragens** (63). Die altruistisch-karitative Josephe repräsentiert das Prinzip der Mütterlichkeit. In dieser Figur und ihrem Verhalten **scheint Kleist noch eine gewisse Möglichkeit ethischen Handelns**[92] dargestellt zu haben. Für Walter Silz ist Josephe **die wichtigste und am stärksten individualisierte Gestalt** und er sieht es als **typisch für Kleist** an, dass dies eine Frau ist. Er meint sogar, die ganze **Erzählung hätte nach ihr benannt werden können.**[93] Sie bietet eine weibliche Alternative zur herrschenden Praxis patriarchalischer Gewalt.[94]

Umso jäher aber findet ihr Absturz im Schlussteil der Novelle statt. Im Sinne der Definition von Josef Kunz käme ihr, trotz anfänglicher realistischerer Vorsicht und **Klugheit** (62) beim Festhalten am Auswanderungsplan vielleicht ein noch größeres Maß an Schuld zu. Letztlich versteigt sie sich noch intensiver in jene **tragische Blindheit,** indem sie, an eine allgemeine und dauerhafte Versöhnung glaubend, mit ihrer begeistert-illusionären Frömmigkeit und dem dankerfüllten **Drang, ihr Antlitz vor dem Schöpfer in den Staub zu legen** (62), den Ausschlag für die verhängnisvolle Teilnahme am Gottesdienst gibt. Man kann diesen Vorgang als tragische

Ironie bezeichnen, dass die zuvor **von allen Engeln des Himmels** Beschützte einer verständlichen subjektiven Täuschung erliegt und am Ende Opfer ihres eigenen Gottes- und Kirchenglaubens wird. Sie kann dem lediglich ihre fatalistisch-heroische Opfer*bereitschaft* entgegensetzen. Sie überantwortet Don Fernando nebst dem kleinen Juan auch ihren Sohn und fordert ihn, selbstlos die eigene Mutterschaft verleugnend, auf: [...] **gehn Sie, [...] retten Sie Ihre beiden Kinder, und überlassen Sie uns unserem Schicksale** (67). An **die rasende Menge** (66) gewandt, fährt sie fort: [...] **hier, mordet mich, ihr blutdürstenden Tiger! und stürzte sich freiwillig unter sie [...]** (67).

Mit kritischer Wendung gegen Kunz schließt Wolfgang Wittkowski den Terminus ›Schuld‹ beim Verhalten Josephes (und Jeronimos) aus und spricht von einem wissentlich begangenen **Erkenntnisfehler**.[95] In der Tat haben ja auch die beiden selbst die Warnungen Donna Elisabeths vor den Risiken des Messebesuchs gehört und sie absichtlich überhört. **Fernando und das Paar machen also sicher einen Erkenntnisfehler. Aber es ist das Gegenteil von tragischer Schuld. Es ist vielmehr der tragische Preis des Edlen.**[96] Dieses Edle nennt Wittkowski das ›Ethos der Noblesse‹, und nach seiner Definition entfaltet sich diese Noblesse **umso reiner, je entschiedener sie die Gefahren ignoriert.**[97] Er sieht ihr Wesen dadurch charakterisiert, dass sie **gerade völlig absieht von der eigenen Sicherheit, vom eigenen Vorteil und überhaupt von den faktischen Folgen für die eigene Person.**[98] Zu Recht weist Wittkowski auf die **autonome Moralität**[99] hin, die KLEIST hier inthronisiere. Autonom insofern, als den Protagonisten der Erzählung ihr Verhalten abverlangt wird in einer Situation, in der einer im Glauben an göttliche Gerechtigkeit verankerten religiösen Moral der Boden entzogen ist und in der die irdischen Vertreter des Christentums diese Religion pervertieren.

Dass das Ideal altruistischer Humanität in KLEISTS Ethik einen sehr hohen Stellenwert hat, wird auch daraus ersichtlich, dass es mitten in der Schilderung der Sozialutopie im **Tal von Eden** ausdrücklich erwähnt wird: Während des Erdbebens, so erzählen Augenzeugen, habe es zahllose Beispiele gegeben **von Unerschrockenheit, von freudiger Verachtung der Gefahr, von Selbstverleugnung und der göttlichen [!] Aufopferung, von ungesäumter Wegwerfung des Lebens, als ob es, dem nichtswürdigsten Gute gleich, auf dem nächsten Schritte schon wiedergefunden würde** (61).

Josephe und Jeronimo bilden, obwohl weder kirchlich noch standesamtlich getraut, zusammen mit ihrem Kind eine Familie, die nach innen hin glücklich ist und in der die streng hierarchischen Herrschaftsformen ihrer Elternhäuser aufgehoben sind. KLEIST hat hier zwar kein detailliert ausgestaltetes Familienmodell entworfen, aber er scheint damit doch zumindest ansatzweise einen Gegenpol zu den patriarchalischen Familien Don Asterons und Rugeras andeuten zu wollen, in denen die väterliche Autorität rücksichtslos das selbstbestimmte individuelle Lebensglück vereitelt. Das eine Familienoberhaupt zwingt die Tochter in die klösterliche Enthaltsamkeit, das andere tötet den eigenen Sohn. Ein Denken und Handeln, das die beiden Väter ungeachtet ihres unterschiedlichen Standes gleichermaßen praktizieren. Durch **die flüchtige Evozierung einer idealisierten Familie**[100] lässt KLEIST die Utopie eines humaneren Zusammenlebens aufscheinen.

4.3 Don Fernando

Obwohl Don Fernando nur in drei Szenen auftritt, erlangt er im Schlussteil der Novelle zentrale Bedeutung. Unverständlich ist Wolfgang Kaysers Meinung, er sei **lediglich Nebenfigur**[101]. Beim ersten Mal wird der Sohn des Stadtkommandanten vom Erzähler **als ein junger wohlgekleideter Mann** vorgestellt, der Josephe **mit Bescheidenheit** (58) bittet, seinen kleinen Sohn zu stillen. Da ausdrücklich erwähnt wird, dass er und die Tochter Don Asterons sich kennen (als Angehörige der Oberschicht St. Jagos), gewinnt seine anschließende Einladung zum Frühstück mit seiner Familie demonstrativen Charakter und beweist, dass er die öffentliche Missbilligung der beiden ›Sünder‹ nicht teilt. Dass auch seine Verwandten ähnlich denken, zeigt deren Freundlichkeit beim Empfang der Geächteten. Von seiner Schwägerin Donna Elisabeth wird zudem berichtet, dass sie am Vortag eine Einladung zum Hinrichtungsspektakel abgelehnt hatte. Offensichtlich haben in dieser Familie weder moralische noch soziale Vorurteile Gültigkeit, denn auch Jeronimo wird wohlwollend aufgenommen.

Nicht nur Don Fernandos äußere Erscheinung, sondern auch sein Betragen ist gleichwohl standesgemäß. Mit ritterlicher Höflichkeit bietet er, bei seinem zweiten Auftritt, Josephe den Arm, um sie zur Dominikanerkirche zu geleiten. Die gleiche Geste wiederholt er später beim Rückzug aus dem Gedränge im Dom, nachdem er sich zuvor **den Degen des Marine-Offiziers ausgebeten hatte** (67) – als Verteidigungswaffe, aber auch Insignie seines Standes. In der Tat wird er dann auch von den Umstehenden **mit hinlänglicher Ehrerbietigkeit** (67) vorbeigelassen.

Indem freilich Don Fernando auf den gemeinsamen Besuch des Gottesdienstes drängt – die Warnungen Donna Elisabeths quittiert er mit einer **Röte des Unwillens** (63) im Gesicht –, begeht er denselben **Erkenntnisfehler** wie Jeronimo und Josephe. Indem er, wie diese beiden, beschließt, **trotz Gefahr Gott zu danken, [...] macht er sich handelnd wie reflektierend zum Fürsprecher einer noblen Moralität**[102] im Sinne Wittkowskis. Don Fernandos edle Motive werden in seiner dritten und wichtigsten Szene, in der dramatischen Schlusspassage der Novelle, nicht geschmälert durch seine mehrfachen Versuche, mit List seine Schutzbefohlenen zu verschonen. Zuerst schlägt er Donna Constanze vor, eine Ohnmacht zu fingieren, damit man unauffällig die Kirche verlassen könne. Dann gibt er **mit wahrer heldenmütiger Besonnenheit** (66) vor, Jeronimo zu sein, um die Menge von diesem abzulenken. Und schließlich, schon nach dem Ende des grauenvollen Gemetzels, säumt er **lange, unter falschen Vorspiegelungen, seine Gemahlin von dem ganzen Umfang des Unglücks zu unterrichten** (68).

Don Fernandos verantwortungsbewusster, uneigennütziger Einsatz für die von der Lynchjustiz Bedrohten macht ihn zum Verfechter einer vorbildlichen Humanität, die Kleist der verfälschten ›Moral‹ der entfremdeten Gesellschaft entgegensetzt. An einen Pfeiler gelehnt kämpft Don Fernando, im wörtlichen Sinne mit dem Rücken zur Wand, gegen die Inhumanität an. Nach dem Verlust transzendentaler Geborgenheit und Heilsgewissheit (vgl. das Kapitel »Metaphysische Aspekte«, S. 29 ff.) ist es von besonderem Gewicht, wenn ihm vom Erzähler das Attribut **dieser göttliche Held** (68) beigegeben wird.

In der Forschung ist verschiedentlich die positive Bewertung der Figur des Don Fernando infrage gestellt worden. Kittler kritisiert die antiquierten Verhaltensmaßstäbe des adeligen Kommandantensohns und betont vor allem deren Wirkungslosigkeit: **Mit seinem obsoleten Schwert ficht Don Fernando, jeder Zoll ein preußischer Offizier, gegen die ›satanische Rotte‹ als ›göttlicher Held‹.** Kittler erinnert an die militärische Niederlage Preußens gegen Napoleon und fährt fort: **Seit Jena und Auerstedt besteht keine Nachfrage nach göttlichen Helden mehr; was gegenüber einer revolutionären Heeresstruktur wie der französischen zählt, sind einzig Formeln von kriegstechnischer Präzision.**[103] Unter Hinweis auf die Analogie zum überholten preußischen Exerzierreglement erklärt Kittler Don Fernandos Scheitern:

> Eine Lineartaktik, die auch in der Novelle nur fatale Folgen haben kann. Don Fernando, der göttliche Offizier, bietet Josephe ganz formell den Arm, um in wahrhaft altpreußischer Taktik einen geordneten Rückzug seiner vereinigten Familien aus der Kirche einzuleiten. Aber was man damit gegenüber einem ›wütenden Haufen‹ und perfekter Kirchengeländeausnutzung erreicht, sind Verluste von annähernd 70 Prozent.[104]

Allerdings muss man dagegenhalten, dass Kittler in seiner Diskursanalyse Don Fernandos Lage falsch beschreibt, wenn er die militärische Parallele zieht: **Einem Erdbeben wie den Revolutionsheeren können nur gleiche Waffen und Taktiken entgegentreten, einer** *levée en masse* **nur die** *levée en masse.*[105] Gemäß der Konstellation, die der Erzähler Kleist hier erstellt hat, befindet sich Don Fernando nun einmal in der Situation eines Einzelkämpfers gegen eine unkontrollierbare Übermacht. Wenn er überhaupt handeln und sich nicht kleinmütig aus der Verantwortung herausschleichen will, dann kann er nur so handeln, wie er es tut.

Bernd Fischer merkt an, **daß es sich bei Don Fernandos ›Heroik‹ um ein zentrales Motiv der idealistischen Epoche** handle, nämlich das insbesondere von Schiller vorgeführte tragische Heldentum der klassischen Tragödie **nach dem Muster der kantschen Ethik.**[106] Aufgrund seiner konventionellen Galanterie im **Tal von Eden** habe Don Fernando, zumal **in seiner Begeisterung für Josephe auch etwas Erotik mit im Spiel** sei, keinen **klaren Kopf**[107] behalten. Fischer qualifiziert auch Fernandos in der Not erdachte List als **nicht gerade ›nobel‹.**[108] Sein Verhalten sei **leere Noblesse**[109], die mit einer vernunftbestimmten Ethik (wie sie die klassische Tragödie noch kenne) nicht in Einklang zu bringen sei. Fischer übersieht, dass Don Fernando ausdrücklich als bescheiden und frei von Dünkel charakterisiert wird. Fischer meint, es sei **großspurig** und nehme **sich kurz vor den Morden fast komisch aus**[110], wenn Fernando erklärte, **er wolle eher umkommen, als zugeben, daß seiner Gesellschaft etwas zu Leide geschehe** (67). Eine überzeugende Begründung für diese These liefert Fischer jedoch nicht.

Gewiss werden Josephe und Jeronimo und mit ihnen Don Fernando infolge der übereilten Rückkehr in die versöhnt geglaubte Gesellschaft nicht nur Opfer der faktischen Unmenschlichkeit dieser Gesellschaft, sondern auch ihres **naiven Idealismus.**[111] Aber andererseits verkörpert gerade Don Fernando das Prinzip der Überwindung sozialer und moralischer Vorurteile. Zu Recht hebt Peter Horn hervor, dass gerade die Figur Don Fernandos beweise, **daß Kleist dem unverstehbaren Naturgeschehen** und der gesellschaftlich bedingten Tragödie **die Tat des Einzelnen entgegensetzt, der nicht einfach als unveränderlich und unwiderruflich hinnimmt, was ›zufällig‹ geschieht.** Nicht das gewaltige Erdbeben mit all seinen Folgen ist nach Horn **der eigentliche Inhalt** der Erzählung, **sondern das Handeln oder Nichthandeln der Menschen, die durch die Naturkatastrophe nur in eine Situation gestellt werden, in der sie über das Alltägliche hinaus zu entscheidenden Handlungen gezwungen werden.**[112]

5   Erzählkunst

5.1   Das Zeitgerüst

Da KLEIST nicht die allmähliche Entwicklung verschiedener Charaktere nachzeichnen will, sondern seine Figuren mit ganz konkreten, einmaligen Situationen konfrontiert, in denen sie sich so oder so verhalten müssen, umfasst die erzählte Zeit[113] nur eine relativ kurze Spanne. Im ERDBEBEN IN CHILI beträgt sie etwa 36 Stunden mit einem zeitlich unbestimmten, aber nicht sehr langen Anhang. Im Wesentlichen wird linear erzählt, zurückliegende oder parallel verlaufende Ereignisse werden in Einschüben vom Erzähler nachgetragen.

Der dramatische Augenblick des Erzähleingangs zeigt in einem sehr komprimierten Satz, wie Jeronimo sich genau im Moment **der großen Erderschütterung** (51) im Gefängnis erhängen will. Damit ist die Gegenwartsebene der Erzählung markiert. Erzähltempus ist das Präteritum. Vom zweiten Satz an wird in einer längeren aufbauenden Rückwendung die **ungefähr ein Jahr** (51) dauernde Vorgeschichte vom verratenen Liebesverhältnis bis zur geplanten Enthauptung Josephes nachgeholt. Erzähltempus ist zunächst das Plusquamperfekt, doch schon nach wenigen Sätzen wird wieder ins Präteritum übergewechselt, wodurch der Leser das Zurückliegende sehr viel unmittelbarer nacherlebt. Mit Beginn des fünften Abschnitts (**Doch der gefürchtete Tag erschien**; 52) wird wieder zur Erzählgegenwart des Eingangssatzes zurückgelenkt. Der Zeitpunkt des Erdbebens, der Vormittag, lässt sich erst aus einer Bemerkung im Mittelteil der Erzählung genauer rekonstruieren, wo es heißt, dass Donna Elisabeth die Einladung zum Hinrichtungsschauspiel **des gestrigen** *Morgens* (59; Hervorhebung von mir; H. K.) abgelehnt hatte.

Nach der Befreiung Jeronimos durch die Naturkatastrophe begleitet der Erzähler zunächst nur dessen Weg aus St. Jago hinaus. Abgesehen von dem Hinweis, dass er vor den Toren der Stadt **wohl eine Viertelstunde** (54) in Ohnmacht gelegen hat, erfolgt erst wieder eine Zeitangabe, als Jeronimo im Tal auf Josephe und das Kind trifft: **Die Sonne neigte sich** [...] (55).

Übergangslos wird daraufhin auch der Tag, wie Josephe ihn erlebt hat, in einer zweiten, zeitlich parallel laufenden, aufbauenden Rückwendung bis hin zum Wiedersehen der Liebenden berichtet. Mit der nachträglichen Erläuterung **Dies alles erzählte sie** *jetzt* **voll Rührung dem Jeronimo** (57; Hervorhebung von mir; H. K.) kehrt der Erzähler erneut zur Gegenwartsebene der Novelle zurück. Mit der adverbialen Bestimmung **jetzt** wird die zeitliche Distanz zwischen Geschehen und Erzählen auf ein Minimum reduziert. Die gleiche Funktion hat später das eingestreute **heute** (64) bei der Schilderung des Dankgebets im Dominikanerorden.

Die Wirkung des epischen Präteritums, wie Käte Hamburger sie definiert hat, lässt sich an der Erzählweise KLEISTS sehr gut beobachten. Das epische Präteritum bezeichnet nicht, wie das historische Präteritum, eine reale Vergangenheit, sondern fiktive Gegenwärtigkeit, d. h., es vermittelt dem Leser den Eindruck, als ob sich das Geschehen vor seinen Augen, gleichsam hier und jetzt, abspiele. Diese Wirkung unmittelbarer Präsenz und Nähe stellt sich besonders auf der Ebene der Erzählgegenwart ein. Vor allem der Mittel- und Schlussteil der Novelle werden dem Leser in dieser Form dargeboten.

Die halb durchschwatzte Nacht nach dem Wiedersehen wird durch zwei Angaben überbrückt: [...] **der Mond erblaßte schon wieder vor der Morgenröte, ehe sie einschliefen** (58). Und am Anfang des übernächsten Abschnitts: **Als sie erwachten, stand die Sonne schon hoch am Himmel** (58). Der Verlauf dieses ersten Tages nach der Naturkatastrophe wird dann im Wesentlichen linear erzählt. Nur noch zweimal werden während der Schilderung des harmonischen Zusammenlebens der Menschen im **Tal von Eden** kurze Rückblicke eingefügt. Es ist jedoch nicht der Erzähler selbst, der dies tut, sondern er delegiert sozusagen sein Amt an (nicht konkret benannte) Personen der Handlung: *Man erzählte* [...], **wie gleich nach der ersten Haupterschütterung** [...] **Weiber niedergekommen seien** (60; Hervorhebung von mir; H. K.) und Mönche das Ende der Welt verkündet hätten etc. Und wenig später heißt es: **Statt der nichtssagenden Unterhaltungen, zu welchen sonst die Welt an den Teetischen den Stoff hergegeben hatte,** *erzählte man* jetzt Beispiele von ungeheuern Taten [...] (61; Hervorhebung von mir; H. K.).

Das Eingreifen des Erzählers selbst wird dann im übernächsten Absatz wieder durch eine Zeitraffung spürbar: **Inzwischen war der Nachmittag herangekommen,** [...] **als sich schon die Nachricht verbreitete, daß** [...] **eine feierliche Messe** [...] **gelesen werden würde** (62). Das rasche Voranschreiten der Handlung wird dann im Folgenden wiederholt durch Angaben zur Tageszeit bewusst gemacht und gegliedert. Der Gottesdienst beginnt **bei der einbrechenden Dämmerung** (64) und nach der tödlichen Massenhysterie werden schließlich **bei der Finsternis der einbrechenden Nacht** (68) die Opfer in Don Alonzos Wohnung getragen. Bis zu diesem Zeitpunkt sind seit der ersten Erderschütterung ca. 36 Stunden vergangen.

Ganz am Schluss der Erzählung ist noch ein Ausklang von unbestimmter Dauer angefügt. Es wird lediglich erwähnt, Don Fernando habe **lange** gesäumt, seine Gemahlin vom vollen **Umfang des Unglücks zu unterrich-**

ten, sie habe aber **kurze Zeit** nachher von anderer Seite alles erfahren, **eines Morgens** (68) sei sie dann ihrem Gatten um den Hals gefallen und **hierauf** habe das Ehepaar **den kleinen Fremdling zum Pflegesohn** (69) angenommen.

Die einzelnen Zeitangaben markieren Phasen von unterschiedlichem Erzähltempo. Die erste umfasst den Ausbruch des Bebens und die Schilderung der Fluchtwege der beiden Protagonisten und ist rasant vorwärtsdrängend erzählt. Die zweite malt die überwiegend beschaulich friedvolle Atmosphäre im idyllischen Tal aus und ist wesentlich ruhiger gehalten. In der dritten Phase verfolgt der Leser mit zunehmender Spannung die sich dynamisch steigernde Darstellung der Vorfälle in und vor der Kirche bis zum Mord an dem kleinen Juan. Danach beruhigt sich der Erzählfluss gemäß der Intention KLEISTS, zum Nach-Denken anzuregen, allmählich und mündet in die rätselhafte Schlusspointe (vgl. S. 36 f. dieser Arbeit).

Der novellistische Höhepunkt, der mit der Identifizierung der **Sünder** durch das Volk beginnt, ist dramatisch in Szene gesetzt. Nachdem die Predigt des sich in **priesterlicher Beredsamkeit** (64) ergehenden Chorherrn noch in indirekter Rede wiedergegeben ist, findet nun ein Wechsel zur direkten Rede statt. Don Fernandos Verteidigungsgefecht mit dem Degen wird gleichsam vorbereitet durch ein Rededuell zwischen den Hauptfiguren und einer Vielzahl durcheinander rufender anonymer Stimmen, aus denen nur Jeronimos Vater und der Schuster Pedrillo namentlich herausgehoben sind. In dieser an ein Bühnengeschehen erinnernden Passage erzählt der Dramatiker KLEIST annähernd zeitdeckend: Erzählzeit und erzählte Zeit sind fast gleich lang.

5.2 Die Erzählsituation

Im effektvoll gegliederten Aufbau des *ERDBEBENS IN CHILI* wird die selektierende und arrangierende Hand des auktorialen Erzählers erkennbar. Nur die wichtigsten Situationen werden ausführlich gestaltet, die dazwischenliegende Zeit jeweils durch Raffung überbrückt. Große Teile des Textes sind jedoch nicht auktorial erzählt, sondern personal. Rettung und Flucht Jeronimos sind ganz aus dessen Perspektive geschildert, die Befreiung Josephes und ihr Weg ins Tal sind aus ihrer Sicht dargestellt. Dadurch schwindet die Distanz zwischen erzähltem Geschehen und rezipierendem Leser merklich. Gemütsbewegungen wie Jeronimos **unsägliches Wonnegefühl** (54) oder seine Reue über ein voreiliges Dankgebet sind in psychologischer Innensicht wirkungsvoll wiedergegeben; desgleichen Josephes **Schrecken** und **Jammer** (56). Auf diese Weise wird die inhaltlich bedingte Parteinahme des Lesers für die Flüchtenden auch formal bestärkt.

Bei der Schilderung der Talidylle ist zwar durch die Landschaftsbe-

schreibung und durch die neu hinzukommenden Personen die Erzählper-
spektive erweitert, doch bleibt die Nähe zu den Protagonisten gewahrt
durch die Beibehaltung der psychologischen Innensicht bei Jeronimo und
Josephe. Die übrigen, also in erster Linie Don Fernando und seine Familie,
werden durch Gesten und Gebärden sowie durch direkte oder indirekte
Rede charakterisiert.

Diese Art der Gewichtung, aber auch die eingeschobenen Berichte und
die Zeitraffungen lassen den auktorialen Erzähler wieder deutlicher spürbar werden. Das gilt insbesondere auch für die zitathafte Schilderung des
›locus amoenus‹ (vgl. S. 25 dieser Arbeit) und für jene den Handlungsver-
lauf unterbrechende Passage, in der es heißt, dass **der menschliche Geist
selbst, wie eine schöne Blume, aufzugehn** (60) und Angehörige verschie-
denster Stände **zu** *einer* **Familie** (61) zu machen scheine. Dies ist ein von
außen vorgetragener Erzählerkommentar von grundsätzlicher Bedeutung,
in dem KLEIST eine gesellschaftliche Utopie skizziert, von der sich die folgende menschliche Katastrophe kontrastiv abheben soll.

An einer anderen Stelle macht der auktoriale Erzähler sogar ausdrücklich auf seine Tätigkeit aufmerksam: **Eben stand er** *wie schon gesagt,* **an einem Wandpfeiler** [...] (52; Hervorhebung von mir; H. K.). Den gleichen
Effekt ergibt eine in Klammern gesetzte Anmerkung, gleichsam als wolle
sie der Erzähler der Vollständigkeit halber nicht unerwähnt lassen: [...]
**daß er Hoffnung habe (wobei er ihr einen Kuß aufdrückte), mit ihr in
Chili zurückzubleiben** (61). Bei den Vorgängen in und vor dem Dom tritt
dann das erzählende Moment weitgehend zurück zugunsten des dialogi-
schen. Bei verändertem Druckbild könnte man an eine Szene in einem
Drama denken.

Eine viel zitierte These Wolfgang Kaysers erfordert genauere Überprü-
fung: **Um die Stellung des Erzählers zum Publikum zu bestimmen, darf
man sagen: er steht mit dem Rücken zum Publikum und beachtet es
nicht.**[114] Schon das bisher zu KLEISTS Erzähltechnik Gesagte lässt diese
Auffassung als sehr fragwürdig erscheinen. Zwar ist es richtig, dass in seiner
fiktionalen Prosa der Erzähler oft als scheinbar ›objektiver‹ Berichterstat-
ter, als ›Vermelder‹ von wirklich Vorgefallenem[115] auftritt. Dem dienen
beispielsweise die meist recht präzisen zeitlichen und räumlichen Angaben
zu Beginn der Texte oder die Berufung auf eine alte Chronik (KOHLHAAS),
eine wahre Begebenheit (DIE MARQUISE VON O...) oder auf eine andere
Quelle. Doch sind andererseits die gerade im ERDBEBEN IN CHILI besonders häufig vorkommenden Wertungen, die auch Kayser nicht übersehen
hat, zu beachten. Diese Wertungen bewirken zweifellos eine Beeinflussung
des Lesers. Sie sind zumeist eng an die jeweils im narrativen Vordergrund
stehende Person gebunden. Übertrieben freilich ist Kaysers Annahme,

Wertungen erfolgten in der Regel ganz **unter dem Eindruck der jeweiligen Situation, die den Erzähler gefangen nimmt, so sehr, daß er den Überblick vergißt.**[116] Kleist vergisst keineswegs den Überblick, vielmehr sind die mitunter wechselnden Wertungsperspektiven wichtiger Bestandteil seiner Erzählstrategie.

Die Parteinahme des Erzählers wird fast immer durch spezifische Adjektive zur Geltung gebracht. Sie fällt stets zugunsten Jeronimos und Josephes aus. An keiner Stelle wird dem Leser suggeriert, sich gegen sie zu stellen. (Auch bei ihrem Fehler hinsichtlich der übereilten Teilnahme am Gottesdienst erscheint das Verhalten aus ihrer Sicht als sehr verständlich.) **Durch einen *glücklichen* Zufall** (51) kann Jeronimo die Geliebte im Klostergarten wiedertreffen, diese nennt der Erzähler bei ihrem Wehen auf den Stufen der Kathedrale **die *unglückliche* Josephe** (51). Dass es zur Hinrichtung kommen soll, ist eine *ungeheure* **Wendung der Dinge** (52). **Am *gefürchteten* Tag** (vgl. 52) will Jeronimo **dieser *jammervollen* Welt** (52; alle Hervorhebungen von mir; H. K.) entfliehen etc. Dies sind Qualifizierungen, durch die der Leser auf die Seite der Protagonisten gebracht wird.

Anders hingegen bei der Schilderung der Gesellschaft St. Jagos. Negativ klingt es, wenn Josephe **durch die *hämische* Aufmerksamkeit** (51) des Bruders verraten wird. Und selbst wenn man in der Formulierung **die junge Sünderin** einen kritischen Unterton in Bezug auf Josephe mithören wollte, so würde dieser doch sogleich aufgehoben durch den Zusatz, dass man die Hochschwangere **ohne Rücksicht auf ihren Zustand** (51) ins Gefängnis geworfen habe. Der Seitenhieb gilt doch eher der mitleidlosen Gesellschaft als der jungen Frau. Wenn es heißt, die *frommen* **Töchter der Stadt** hätten zum Schauspiel **der *göttlichen* Rache** (52; alle Hervorhebungen von mir; H. K.) eingeladen, so ist durch den Kontext der ironische Akzent unverkennbar. Fromm sind sie nur in ihrer Selbsteinschätzung, in Wirklichkeit sind sie bigott. Und Rache in dieser Form darf nach christlicher Ethik wohl kaum als göttlich bezeichnet werden.

Die Sympathie weckende Darstellung der Liebenden wird im Mittelteil auch auf die Menschen übertragen, die sich freundlich um sie kümmern. Insbesondere Don Fernando wird bis zum Ende der Novelle in zunehmendem Maße in positives Licht gerückt, bis hin zu dem Prädikat **göttlicher Held** (vgl. 68). Daran ist, anders als Fischer meint, nichts Klischeehaftes.[117] Der fanatisierte Pöbel indessen wird mit eindeutig pejorativen Benennungen wie der **wütende Haufen, Mordknechte** (66) oder **Bluthunde, satanische[n] Rotte** (68) oder **blutdürstende[n] Tiger** (67) belegt. Der demagogische Chorherr ist in diese negative Beurteilung eingeschlossen. Expressis verbis wendet sich der Erzähler an die Leser, um sie für Jeronimo und Josephe einzunehmen: **Aber wie dem Dolche gleich fuhr es durch die von die-**

ser Predigt schon ganz zerrissenen Herzen *unserer* beiden Unglücklichen
[...] (65; Hervorhebung von mir; H. K.).

Auf der narrativen Ebene sind also durchgängig Wertungen zugunsten
Jeronimos, Josephes und Don Fernandos zu beobachten. Im Gegensatz
dazu steht die Kritik an den verschiedenen Vertretern der alten ständischen
Gesellschaftsordnung. KLEISTS Erzählstrategie verfolgt auf einer zweiten
Ebene noch ein anderes Ziel. Der Gesamtverlauf der Novelle, so wurde bereits ausgeführt, ermöglicht keine metaphysische Sinngebung. Die Erzähltechnik unterstreicht dies auf höchst wirkungsvolle Weise. Dabei wird erkennbar, dass der Erzähler **seine Kunstmittel nicht allein zur dramatischen
Verstärkung des Ausdrucks, sondern auch zur Verhütung allzu schneller
Eindeutigkeiten anwendet.**[118] Durch die gewählte Perspektive der persona-
len Erzählsituation werden gleichsam im Bewusstsein Jeronimos und Josephes subjektive Deutungen des Erdbebens vorgeführt – sie **waren sehr
gerührt, wenn sie dachten, wie viel Elend über die Welt kommen mußte,
damit sie glücklich würden!** (58) –, um anschließend zerstört zu werden.
Das Gleiche gilt für ihre kirchengläubige Inbrunst im Dom. Die Vorsehung, die man meint für sich in Anspruch nehmen zu können, erweist kurz
darauf ihre grausame Gleichgültigkeit. Erwartungen, auch beim Leser,
werden geweckt, um gerade dann, wenn sie erfüllt scheinen, gezielt widerlegt zu werden. Das trifft ebenfalls auf die trügerische Gesellschaftsidylle
im Mittelteil zu. Jeder vom Erzähler angebotene theologische oder sozial-
politische Interpretationsansatz wird durch den – von eben diesem Erzähler selbst arrangierten – Gang der Handlung ad absurdum geführt.
Bernd Fischer hat diese **Freiheit des spielerischen Setzens und Aufhebens
endlicher Weltmodelle** als **die Ironie der Kleistschen Erzählung**[119] bezeichnet.

5.3   Sprache und Stil

Zu den auffälligsten Merkmalen der Prosa KLEISTS gehört der Satzbau.
Nicht selten ist der Autor deswegen in der früheren Forschung scharf kritisiert worden, wobei man ihm hauptsächlich mangelnde Beherrschung der
Grammatik und allzu kühne Abweichungen von der normalen Wortfolge
vorwarf.[120] Die Eigentümlichkeit, ja Eigenwilligkeit des KLEIST'schen Stils
ist jedoch ganz und gar nicht auf fehlerhafte grammatikalische Kenntnisse
zurückzuführen, sondern sie ist Ergebnis eines ganz bewussten Formwil-
lens. Das wird schon deutlich bei einem Vergleich mit KLEISTS Briefen, die
einen sehr viel ruhigeren und weniger komplizierten Eindruck hervorrufen
(vgl. Mat. 2). Emil Staiger hat in einer eindrucksvollen Untersuchung am Beispiel der
Novelle DAS BETTELWEIB VON LOCARNO gezeigt, dass KLEISTS übermäßig

hypotaktische, reich gegliederte Prosa[121] eminent dramatisch ist. Nur ganz selten wird dem Leser kontemplatives Verweilen gegönnt, fast immer versetzt ihn **das atemberaubende Tempo** dieses Stils in vorwärts drängende Spannung. Die syntaktischen Teile **verlieren** [...] **die Selbständigkeit und lösen sich in finale und konsekutive Funktionen auf.**[122] Bereits der erste Satz des ERDBEBENS IN CHILI, der in seinen verschachtelten Relativsätzen und Partizipialkonstruktionen in größter Dichte eine Vielzahl unterschiedlichster Informationen bietet, weckt die gespannte Erwartung nach weiteren Erläuterungen und dem Fortgang des Geschehens.

Ein besonders aussagekräftiges Beispiel für die vorwärts eilende Hast des KLEIST'schen Stils sind die **neunmal anaphorisch angestauten ›hier-Sätze‹**[123], die Jeronimos Flucht schildern und veranschaulichen, wie **der Tod von allen Seiten Angriffe auf ihn machte:**

> *Hier* stürzte noch ein Haus zusammen, und jagte ihn, die Trümmer weit umherschleudernd, in eine Nebenstraße; *hier* leckte die Flamme schon, in Dampfwolken blitzend, aus allen Giebeln, und trieb ihn schreckenvoll in eine andere; *hier* wälzte sich, aus seinem Gestade gehoben, der Mapochofluß auf ihn heran, und riß ihn brüllend in eine dritte. *Hier* lag ein Haufen Erschlagener, *hier* ächzte noch eine Stimme unter dem Schutte, *hier* schrieen Leute von brennenden Dächern herab, *hier* kämpften Menschen und Tiere mit den Wellen, *hier* war ein mutiger Retter bemüht, zu helfen; *hier* stand ein andrer, bleich wie der Tod, und streckte sprachlos zitternde Hände zum Himmel. (53; Hervorhebungen von mir; H. K.)

Die anaphorische Auffächerung macht das ganze Ausmaß der Katastrophe besser sichtbar. Und durch den ruhelosen Rhythmus sowie durch die zahlreichen Verben und Partizipien der Bewegung wird zugleich zum Ausdruck gebracht, dass Jeronimo der Gejagte, Getriebene, aggressiv Bedrohte ist, der am Ende dieser Strecke fast zwangsläufig seine Sinne verlieren muss. Ein noch ungewöhnlicherer und darum besonders effektvoller Gebrauch eines Verbs der Bewegung findet sich in der Schilderung von Josephes Flucht: **Sie hatte noch wenig Schritte getan, als ihr auch schon die Leiche des Erzbischofs begegnete** [...] (56).

Ein weiteres Beispiel für die Funktion der Anapher sind die fünf nebeneinander gedrängten ›wie-Sätze‹, die die dynamische Fülle gleichzeitiger Ereignisse plastisch verdeutlichen: **Man erzählte, *wie* die Stadt** [...]; *wie* **die Mönche darin** [...]! *wie* **man einer Wache** [...]! *wie* **der Vizekönig** [...] **und** *wie* **ein Unschuldiger** [...] (60).

Solche Stilmittel vermögen die Eindringlichkeit des Erzählten wirksam zu steigern. Das Gleiche gilt für die ziemlich häufig vorkommenden Alliterationen, vornehmlich die auf *w*[124]: **das Wesen, das über den Wolken waltet** (54); **nicht zu wanken, wenn auch** [...] **die Eichen entwurzelt werden, und ihre Wipfel** [...](55); **wo nur irgend ein weibliches Gewand im Winde** [...]

(55); **wollte sich schon wieder wenden** (55). Die Wirkung der Alliteration wird noch dadurch intensiviert, dass alle diese Belegstellen dicht aufeinander folgen.

Von anderer rhythmischer Qualität als die ›hier-Sätze‹ oder die ›wie-Sätze‹ ist die syndetische Reihung mit der siebenfach verwendeten Konjunktion ›und‹:

> An dem nächsten Scheideweg stand sie still, *und* harrte, ob nicht einer, der ihr, nach dem kleinen Philipp, der liebste auf der Welt war, noch erscheinen würde. Sie ging, weil niemand kam, *und* das Gewühl der Menschen anwuchs, weiter, *und* kehrte sich wieder um, *und* harrte wieder, *und* schlich, viel Tränen vergießend, in ein dunkles Tal, um seiner Seele, die sie entflohen glaubte, nachzubeten; *und* fand ihn hier, diesen Geliebten, im Tale, *und* Seligkeit, als ob es das Tal von Eden gewesen wäre. (57; Hervorhebungen von mir; H. K.)

Dieses Mal wird nicht Rastlosigkeit, sondern das Innehalten, das wiederholte Umkehren, die Unschlüssigkeit Josephes syntaktisch nachgebildet. Das Tempo wird spürbar verlangsamt auf ein Ziel hin: die eher statische Schilderung der Idylle im Mittelteil der Novelle. Dem friedlich-harmonischen Ausnahmecharakter dieses Erzählabschnitts entsprechend ist dort der Ton wesentlich ruhiger, stellenweise sogar lyrisch gefärbt.

In den rasch vorwärts drängenden Passagen wird oft durch Umstellung der gewohnten Wortsequenz der dramatische Effekt verstärkt. Vor allem in der Szene in und vor dem Dom finden sich solche Inversionen, die syntaktisch zum Ausdruck bringen, dass das Gesagte von größerer Bedeutung ist als der (anonyme) Sprecher: **Hierauf: Er** *ist* **der Vater! schrie eine Stimme; und: er** *ist* **Jeronimo Rugera! eine andere; und: sie** *sind* **die gotteslästerlichen Menschen! eine dritte** […] (66). Etwas weiter heißt es: **Meister Pedrillo schlug sie mit der Keule nieder. Darauf ganz mit ihrem Blute bespritzt: schickt ihr den Bastard zur Hölle nach! rief er** […] (67 f.).

Offensichtlich ist KLEIST bemüht, nicht nur das Bedeutsamste hervorzuheben, sondern zugleich die Vorgänge möglichst genau auch in ihrer zeitlichen Abfolge bzw. in ihrer Gleichzeitigkeit, wiederzugeben. Dieses Prinzip ist vorrangig gegenüber dem Einhalten grammatischer Gesetzmäßigkeiten. Dadurch gewinnt die Darstellung wesentlich an Plastizität. Exemplarisch für diese Kunst des syntaktischen Mitausdrucks, wie Karl Ludwig Schneider formuliert[125], ist die Beschreibung der stufenweisen Zerstörung des Kerkers am Anfang der Novelle: **Der Boden wankte unter seinen Füßen, alle Wände des Gefängnisses rissen, der ganze Bau neigte sich, nach der Straße zu einzustürzen, und nur der, seinem langsamen Fall begegnende, Fall des gegenüberstehenden Gebäudes verhinderte, durch eine zufällige Wölbung, die gänzliche Zubodenstreckung desselben** (53). Der durch Einschübe hinausgezögerte Rhythmus sowie das zweimal in unmittelbarer Gegenüberstellung verwendete Wort **Fall** machen den vorübergehend haltbaren Bogen, der durch das allmähliche Aufeinanderzu- und Zusammenfallen der Frontmauern zweier Häuser entsteht, bildhaft anschaulich. Bildhaftigkeit wird also weniger durch Vergleiche oder Metaphern erzielt, als vielmehr mit den Mitteln der Syntax.

Gelegentlich ist KLEIST mit geradezu realistischer Detailgenauigkeit um eine möglichst präzise sprachliche Erfassung von Ereignissen oder Situationen bemüht. So etwa, wenn er die Pose der unter dem Granatapfelbaum lagernden Familie minutiös beschreibt. **Hier ließ sich Jeronimo am Stamme nieder, und Josephe in seinem, Philipp in Josephens Schoß, saßen sie, von seinem Mantel bedeckt, und ruhten** (58). Die (nur scheinbar übertriebene) Anhäufung von Einzelheiten bzw. die hypotaktische Verschachtelung von Satzgliedern kann bisweilen auch spannungserzeugende Funktion haben. Der im Folgenden zitierte Satz ist eine Art vorläufige Antwort auf Jeronimos Versuch, Josephes Schicksal in Erfahrung zu bringen. Zwischen das am Anfang stehende Subjekt, **Eine Frau**, von der eine Auskunft zu erwarten ist, und die tatsächlich von ihr gegebene Antwort sind Relativsatz, Attribute, Partizipialkonstruktion und Modalsatz eingefügt, sodass der ganze Satz bis aufs Äußerste gedehnt ist: **Eine Frau, die auf einem fast zur Erde gedrückten Nacken eine ungeheure Last von Gerätschaften und zwei Kinder, an der Brust hängend, trug, sagte im Vorbeigehen, als ob sie es selbst angesehen hätte: daß sie enthauptet worden sei** (54 f.). Das hier erzeugte Spannungsmoment ist nicht nur auf die inhaltliche Mitteilung, sondern auch auf den kunstvoll kalkulierten Satzbau zurückzuführen.

Auf das mehrfache Vorkommen der temporalen Konjunktion ›als‹ im ERDBEBEN IN CHILI hat Karlheinz Stierle hingewiesen. Er sieht darin **das Medium, in dem die spezifische Zeiterfassung dieser Novelle zum Ausdruck kommt.**[126] Vorwiegend wenn etwas Unvorhergesehenes über die Personen der Handlung hereinbricht, wird dies durch die Temporalkonjunktion ›als‹ (und zwar im Sinne des lateinischen ›cum universum‹) angekündigt: [...] **die feierliche Prozession der Nonnen [...] nahm eben ihren Anfang,** *als* **die unglückliche Josephe [...] in Mutterwehen [...] niedersank** (51). – **Eben stand Jeronimo an einem Wandpfeiler**, um sich zu erhängen, *als* **plötzlich der größte Teil der Stadt [...] versank** (52 f.; Hervorhebungen von mir; H. K.) etc. Dieses **als** annonciert jedes Mal eine der vielen **ungeheuren Wendungen** in der Erzählung und in übertragener Hinsicht ist es **immer neu ein Anzeichen, daß der Boden des Sinns und der Verläßlichkeit schwankt.**[127]

5.4 Leitmotive und Symbole

Zu den Stilmitteln, die die Novelle strukturieren und als formale Elemente die gehaltliche Aussage unterstreichen, gehören die Leitmotive und Symbole. Die Glocken der Fronleichnamsprozession, mit denen die Feierlichkeit des kirchlichen Festes betont werden soll, läuten zugleich das Verderben der Protagonisten ein. Sie erklingen, als Josephes Wehen auf den Stufen der Kathedrale ihre Mutterschaft offenkundig machen (vgl. 51). Sie ertönen erneut, als sich der Hinrichtungszug auf Josephes Richtplatz zubewegt (vgl. 52). Dieselben Glocken hört Jeronimo, der sich durch dieses akustische Signal in qualvoller Verzweiflung ein vermeintlich letztes Mal mit der Geliebten verbunden fühlt. Dass der Glockenklang eng mit dem Unglück der beiden zusammenhängt, wird deutlich, als er später, im idyllischen Tal von Eden, leitmotivartig wieder erwähnt wird: Wenn sie sich mit so vieler Vertraulichkeit und Güte behandelt sahen, so wußten sie nicht, was sie von der Vergangenheit denken sollten, vom Richtplatze, von dem Gefängnisse, und der Glocke; und ob sie bloß davon geträumt hätten? (59). Auch der kirchliche Feiertag selbst wird am Schluss der Novelle gleichsam indirekt noch einmal ›zitiert‹. Was an Fronleichnam, dem Fest der Verwandlung von Brot und Wein in Leib und Blut [Christi] begann, endet, von ›Blute besprützt‹, mit ›Leichnamen‹.[128]

Der Pfeiler, an dem sich eingangs Jeronimo den Freitod geben will, ist sinnbildlicher Ausdruck der ihm bevorstehenden paradoxen Lebenserfahrung. Beim Ausbruch des Erdbebens hält er sich, gleich als ob sein ganzes Bewußtsein zerschmettert worden wäre […] an dem Pfeiler, an welchem er hatte sterben wollen, um nicht umzufallen (53). Doch das so wiedergewonnene Leben ist nur ein vorübergehendes. Das Todesstigma, mit dem der Pfeiler am Anfang behaftet ist, wird am Ende eingelöst. In der Gottesdienstschilderung heißt es noch vorausdeutend, dass die Pfeiler […] geheimnisvolle Schatten (64) werfen, und schließlich wird der kleine Juan an einem Pfeiler der Kirche zerschmettert (vgl. 68).

Die in die Domfassade eingelassene große von gefärbtem Glas gearbeitete Rose (64), die in der Abendsonne erglüht, ist ebenfalls symbolisch zu verstehen. Nach christlicher Auffassung stand die Rose als Symbol für die Sonne und damit für Christus und Maria; die rote Rose deutete auf die Passion Christi und das Blut der Märtyrer.[129] Das den Untergang der Protagonisten einleitende Sinken der Abendsonne wiederum lässt sich auf politischer Ebene in Bezug setzen zur Morgenröte (58), die am Beginn der Sozialutopie des Mittelteils der Erzählung erwähnt wird. In der Regel gilt die Morgenröte als Zeichen für (politische) Hoffnung auf bessere Verhältnisse. So ließe sich auch die Sonne, die beim Erwachen der Liebenden im

Tal von Eden bereits hoch am Himmel (58) steht, als politisches Symbol begreifen.

Der Granatapfelbaum, unter dem Jeronimo und Josephe mit ihrem Kind in der Nacht nach dem Erdbeben ausruhen, hat eine ambivalente symbolische Bedeutung, die von zentraler Wichtigkeit für die Erzählung ist. Einerseits galt der Granatapfel wegen seiner vielen Kerne schon in der Antike als Fruchtbarkeitssymbol. Im christlichen Mittelalter zog man eine Deutungslinie vom Baum auf Maria und von der Frucht auf Christus hin. Andererseits ist es in der griechischen Mythologie ein Granatapfel, den Persephone kurz vor dem Ausgang der Unterwelt pflückt, wodurch ihr die dauerhafte Rückkehr in die Oberwelt unmöglich wird. Sie muss die Hälfte des Jahres im Hades, dem Reich der Toten, verbringen. So spielen Fruchtbarkeit, Marienlegende und Todesverfallenheit in diesem Symbol zusammen.[130] Es umspannt die gesamte Erzählung von der skandalauslösenden Schwangerschaft bis zum tödlichen Ende.

Eine ähnliche Klammerfunktion erfüllt jene **zufällige Wölbung** (53), unter der Jeronimo aus dem zusammenbrechenden Gefängnis ins Freie fliehen kann. Bereits ca. sechs Jahre vor Entstehung des *Erdbebens in Chili* hat Kleist von seiner rätselumwobenen Reise nach Würzburg (alle Mutmaßungen über den eigentlichen Zweck dieser Reise bleiben im Spekulativen) in einem Brief an seine Braut eine vergleichbare Beobachtung mitgeteilt:

> Ich ging an jenem Abend vor dem wichtigsten Tage meines Lebens in Würzburg spazieren. Als die Sonne herabsank war es mir als ob mein Glück unterginge. Mich schauerte wenn ich dachte, daß ich vielleicht *von allem* scheiden müßte, von allem, was mir teuer ist.
> Da ging ich, in mich bekehrt, durch das gewölbte Tor, sinnend zurück in die Stadt. Warum, dachte ich, sinkt wohl das Gewölbe nicht ein, da es doch *keine* Stütze hat? Es steht, antwortete ich, *weil alle Steine auf einmal stürzen wollen* – und ich zog aus diesem Gedanken einen unbeschreiblich erquickenden Trost, der mir bis zu dem entscheidenden Augenblicke immer mit der Hoffnung zur Seite stand, daß auch ich mich halten würde, wenn alles mich sinken läßt. (II, 593)

Werner Hamacher sieht darin die **illusionsloseste aller Selbsterhaltungstheorien: Der gleichzeitige Sturz aller Elemente auf ein gemeinsames Gravitationszentrum, das nicht Leben heißt, sondern Tod, erhält sie, durch gegenseitige Hemmung, für eine Zeitlang aufrecht.**[131] Hamacher weitet diese Gewölbe-Symbolik über die konkrete Anfangssituation hinaus aus und wendet sie im übertragenen Sinne auf den Gesamtverlauf der Erzählung an. Dabei vergleicht er die inhumane Gesellschaft St. Jagos einerseits und das Erdbeben andererseits mit zwei Mauern, die auf die Liebenden einstürzen:

[…] wie die Kollision der beiden Häuserwände so hält die Kollision von gesellschaftlicher Gewalt und Naturgewalt den Tod, den jede isoliert dem Paar bereitet hätte, auf, bildet gleichsam eine Wölbung, unter der das Paar mit seinem Kind entfliehen kann und stürzt, wie jene Mauerwölbung, mit der zweiten Erschütterung der gesellschaftlichen Verhältnisse erst am Ende der Erzählung über sie zusammen – und auch in diesem Fall nicht ohne abermals, durch Zufall, eine Lücke zu lassen, durch die diesmal ihr Kind gerettet wird.[132]

6 Rezeption und Wirkungsgeschichte

6.1 Zeitgenössische Rezensionen

Als 1810 die erste Buchausgabe der Erzählungen HEINRICH VON KLEISTS erschien (*MICHAEL KOHLHAAS, DIE MARQUISE VON O…, DAS ERDBEBEN IN CHILI*), reagierte eine Instanz besonders prompt: die Zensurbehörde im katholischen Wien. Sie sprach ein **unbedingtes Verbot** aus mit der Begründung, **dass der Gehalt der Novellen, wenn auch nicht ohne Wert, doch die unmoralischen Stellen nicht vergessen machen könne, welche besonders in der Erzählung DAS ERDBEBEN IN CHILI vorkommen, deren Ausgang im höchsten Grade gefährlich sei.**[133]

Ähnlich muss auch der Rezensent Friedrich Weisser empfunden haben, als er am 28. 12. desselben Jahres im Tübinger *Morgenblatt für gebildete Stände* schrieb: *DAS ERDBEBEN IN CHILI* hat etwas Empörendes, und ist auch zu skizzenhaft behandelt.[134] Eine ausführlichere und differenziertere Besprechung lieferte Wilhelm Grimm in der *Zeitung für die elegante Welt* am 24. 11. 1810: **Die Erzählungen nun, welche Herr von Kleist dem Publikum übergibt, sind keineswegs französischer, sondern durchaus deutscher Art, und nur um so vortrefflicher. Sie verdienen unstreitig den besten beigezählt zu werden, welche unsere Literatur aufzuweisen hat** […].[135] Das **Hauptverdienst** sieht Grimm darin, dass es dem Verfasser gelungen sei, **das Menschliche** […] **von allen Seiten zu erfassen und mit Bestimmtheit vollständig darzulegen.** In stilistischer Hinsicht bemängelt der Kritiker allerdings **eine gewisse Künstlichkeit** […], **etwas Hartes, Strenges, ja Nachdrückliches** […].[136] Das Erdbeben in Chili schätzt Grimm als **ein kraftvolles Gemälde von den Wechseln des Glücks, in den erschütterndsten und rührendsten Situationen.**[137]

Eine solche Wirkung scheint die Novelle tatsächlich auf einige Zeitgenossen ausgeübt zu haben. Friedrich de la Motte Fouqué berichtet über eine Lesung im Freitagskreis der Kusine Marie von Kleist: Die Gastgeberin **nahm Heinrich Kleists Erzählungen zur Hand und las** […] **zum Schluß das ERDBEBEN VON CHILI, und in den edlen Kometenwein, welchen man, das Andenken des Dichters feiernd, aus hellen Gläsern trank, fiel manch eine heiße, aus dem Herzen entquillende Träne.**[138]

Von prominenten Autoren sind sehr unterschiedliche Stellungnahmen überliefert. Eher ein Gegner war Clemens Brentano, der nach der Nachricht von KLEISTS Selbstmord an Achim von Arnim schrieb: **Überhaupt werden seine Arbeiten oft über die Maßen geehrt, seine Erzählungen ver-**

schlungen. Aber das war ihm nicht genug, ja Pfuel sagte mir, daß sich vom Drama zur Erzählung herablassen zu müssen, ihn grenzenlos gedemütigt hat.[139] Ein recht fragwürdiges Gerücht, für das sich in KLEISTS Werken oder Briefen nirgends ein Beleg finden lässt.

Auch GOETHE lehnte KLEIST ab. Einem Zeugnis Johann Daniel Falks zufolge soll er geäußert haben:

> Es gebe ein Unschönes in der Natur, ein Beängstigendes, mit dem sich die Dichtkunst bei noch so kunstreicher Behandlung weder befassen, noch aussöhnen könne. [Er, GOETHE, schätze mehr] die Heiterkeit, [...] Anmut [und] die fröhlich bedeutsame Lebensbetrachtung italienischer Novellen. [...] sei es nun, daß seine Ausbildung, wie es jetzt bei vielen der Fall ist, durch die Zeit gestört wurde, oder was sonst für eine Ursache zum Grunde liege; genug er hält nicht, was er zusagt. Sein Hypochonder ist gar zu arg; er richtet ihn als Menschen und Dichter zugrunde.[140]

Ludwig Tieck hingegen schrieb 1826 in den *Dramaturgischen Blättern*: Wie viele Erzählungen besitzen wir Deutsche, deren Verfasser beliebt und belohnt wurden; aber wo sind diejenigen, die man höher als die Kleist-schen stellen dürfte, welche kein Mensch kennt und würdigt?[141]

Zu den bedeutendsten Verehrern KLEISTS zählten im 19. Jahrhundert Hebbel und Heine, im 20. Jahrhundert Franz Kafka, Arnold Zweig und Thomas Mann.

6.2 Nachdichtungen

In der ersten Hälfte des 19. Jahrhunderts hat es etliche Nacherzählungen des *ERDBEBENS IN CHILI* gegeben, die von der großen Ausstrahlung dieses Werks zeugen, aber auch von seiner **empörenden** Wirkung. Eine unter dem gleichen Titel 1837 in den *Wöchentlichen Mittheilungen aus den interessantesten Erscheinungen der Literatur zur Belehrung und Unterhaltung aller Stände* erschienene trivialisierte Version wurde mit nur geringfügigen Abänderungen in den folgenden sechs Jahren immerhin fünfmal nachgedruckt. Die auffälligsten Unterschiede sind der Verzicht auf KLEISTS Sprache (bzw. das Unvermögen sie nachzuahmen), also im Wesentlichen eine stark vereinfachte Syntax, sowie eine Reihe von Eingriffen in den Stoff: **Kürzungen, Umstellungen, Streichungen von Motiven, Veränderung des Schlusses; die Geschichte ist von 1647 auf 1677 umdatiert, die Namen der Figuren sind teilweise geringfügig abgewandelt.**[142] Einen Eindruck von der banalisierend verharmlosenden Umstellung der KLEIST'schen Novelle vermag der Schlussabschnitt zu vermitteln:

> Don Fernando lehnte sich an einen Pfeiler und kämpfte muthig; endlich aber erfaßte einer der Fanatiker den kleinen Juan an den Füßen und zerschmetterte das Kind vor den Augen des Vaters an dem Pfeiler. Auch Jose-

phine erlag den Streichen der Wüthenden und Don Fernando fand man am anderen Tag leblos, während das Kind Josephinens wunderbar gerettet wurde.

Der Vater Jeronimos übergab dasselbe den Dominicanern, um es für die Kirche zu erziehen.[143]

Eine andere Art der Umdichtung hat der bedeutende KLEIST-Forscher Helmut Sembdner ausfindig gemacht. In *Monats-Rosen, Zeitschrift für Belehrung und Unterhaltung* (1843) ist der Originaltext des *ERDBEBENS* bis zum Beginn der Predigt des Dominikaner-Chorherrn beibehalten. Deren demagogischer Gehalt wird aber unterschlagen und die Gottesdienstbesucher kehren dank Don Fernandos Schutz unbehelligt ins idyllische Tal zurück, Jeronimo und Josephe wandern nach Spanien aus, erben dort ein großes Vermögen und bekommen nach Jahren Besuch von Don Fernando, der **auf ihr dringendes Bitten einige Zeit bei ihnen verweilen** muss, um **Zeuge ihres Glückes** zu sein:

> Als einmal in seiner Gegenwart beide Eheleute, mit Dankgefühl gegen Gott in ihrem Wohlstande, bei einander saßen, da ergriff Jeronimo Josephens Hand und sagte: Wahrlich, die Ueberzeugung, daß begangene Fehler nicht bloß hier unserm Gewissen, sondern selbst jenseits dem entkörperten Geiste die Ruhe raubt, soll uns nicht allein vom Bösen abschrecken, sondern wir wollen auch durch Lehre und Beispiel unsere Kinder davon abhalten. Beide Eheleute gelobten sich dieses, und Gott schenkte ihrer guten Absicht Gedeihen. Ihre Kinder und Enkel waren gute, fromme und edle Menschen, und ihr Geschlecht blüht noch in Segen bis auf den heutigen Tag.[144]

Wo KLEISTS Erzählstrategie darauf zielte, Rezeptionserwartungen zu irritieren und den Leser mit dem rätselhaften Schluss zum Nachdenken anzuregen, wird hier in verkitschter Sprache harmonisierende Erbauung geboten. Diese Erzähltaktik lässt den Eindruck entstehen, die vormalige Tradition der moralischen Erzählungen wieder aufzugreifen und aufs Gründlichste und Nachhaltigste zu verflachen.

7   Die Verfilmung von Helma Sanders

Bereits 1918 sollte nach der Novelle DAS ERDBEBEN IN CHILI ein großer Ausstattungsfilm gedreht werden. Das Projekt kam jedoch nicht zustande.[145] Die Attraktivität der literarischen Vorlage führte schließlich 1975 zu einer viel beachteten Verfilmung durch Helma Sanders (geb. 1940). Die Auftragsproduktion des ZDF wurde in 24 Drehtagen in Spanien aufgenommen. Die Ausstattung ist historisch, aber der Stoff ist in einigen Punkten aktualisierend aufbereitet. Nur in wenigen Passagen, etwa am Anfang und am Schluss, wird KLEISTS Text von einem *Off*-Erzähler wortgetreu wiedergegeben. Charakteristische Änderungen bzw. Zutaten sind beispielsweise die Diskussion der chilenischen Kirchenfürsten über europäische Börsengeschäfte oder eine Selbstgeißelungsszene Josephes, die versucht, dem Willen ihres Vaters zu gehorchen. Don Asteron stirbt später in den Armen seiner Tochter. Jeronimo ist ein durch Bildungserwerb emporgekommener Indio, der nach dem Vorbild Thomas Mores eine Kolonie ohne Priester gründen will, in der alles allen gehören soll. Don Fernando, der mit Frau und Schwester der Hinrichtungszeremonie beiwohnt, ist ein gerissener Geschäftsmann, der Don Asterons Vermögen an sich bringen und Jeronimo zum Stallknecht machen will. In der Kirchenszene setzt er sich kaum für das Liebespaar ein. Durchgehend ist die Arroganz der Weißen gegenüber den Indios spürbar, namentlich Pedrillo und seine dominante Frau sind von diesem Rassenhass durchdrungen. In einer solchen vorurteilsbeladenen Gesellschaft muss die Sozialutopie Jeronimos scheitern.

Über Voraussetzungen und Probleme der Dreharbeiten berichtet Helma Sanders:

> Ich kam nach Spanien als Regisseur und als Frau, was sich als schwer lösbarer Widerspruch herausstellte. Der deutsche Intellektualismus wurde mir schnell ausgetrieben: von der Landschaft, den Gesichtern der Schauspieler, den Kostümen, der Architektur, denen ich Kleists Preußen und Caspar David Friedrichs abgewandte Figuren nicht aufzwingen konnte, die sich aber mit dem melodramatischen Schwung der Kleist-Novelle vertrugen. Da konnte man nur ganz naives Kino machen, mit richtigen handfesten Menschen, die sich nicht als Kommentarsprachrohre verbuttern ließen, weil ihre Gesten, ihre Gesichter, ihre Art, eine Rolle anzugehen, das nicht zuließen – Kino mit klaren, einfachen Bildern, mit wenig Sprache, fast stummfilmhaft. [...] Nun ist ein Film entstanden, den vielleicht auch Kinder verstehen werden, mit einem Kinoerdbeben – eher befreiend als entsetzlich.[146]

»Die Marquise von O ...«
1 Entstehung und thematische Anregungen

Zum ersten Mal wurde die Erzählung im Februar 1808 in der von KLEIST und Adam Müller gemeinschaftlich herausgegebenen Zeitschrift *Phoebus* gedruckt. Es scheint, als habe der Autor sich zunächst gegen diese Veröffentlichung gesträubt und sich vom Mitherausgeber des *Phoebus* dazu drängen lassen müssen.[147] Das Manuskript war spätestens Ende 1807 fertig gestellt. 1810 erschien DIE MARQUISE VON O ... dann zusammen mit dem KOHLHAAS und dem ERDBEBEN IN CHILI als Buchausgabe in Reimers Realschulbuchhandlung in Berlin (vgl. S. 18 dieser Arbeit).

Das literarische Motiv einer unwissentlichen Empfängnis ist keineswegs so ungewöhnlich, wie es auf den ersten Blick den Anschein hat. Drei Quellen waren es, aus denen KLEIST höchstwahrscheinlich seine wichtigsten stofflichen Anregungen empfangen hat. Allen voran ist eine Passage aus Michel de Montaignes ESSAI ÜBER DIE TRUNKSUCHT (1588) zu nennen:

> Eine in der Gegend von Bordeaux, bei Castres, lebende Bauersfrau, eine Witwe von untadeligem Ruf, sagte, als sie erste Anzeichen einer Schwangerschaft bemerkte, zu ihren Nachbarinnen, daß sie sich guter Hoffnung fühlen würde, wenn sie einen Mann hätte; als aber von Tag zu Tag der Anlaß für diesen Verdacht größer wurde und schließlich offensichtlich war, entschloß sie sich, von der Kanzel ihrer Kirche herab verkündigen zu lassen, sie wolle demjenigen, der die Tat eingestehe, verzeihen und ihn, wenn er's gut fände, heiraten; ein junger Knecht ihres Hofes, ermutigt durch diese Bekanntmachung, erklärte, er habe sie an einem Festtage nach dem reichlichen Genuß von Wein in der Nähe ihres Herdes so tief eingeschlafen und in so indezenter Haltung gefunden, daß er die Gelegenheit nutzen konnte, ohne sie aufzuwecken: Sie leben noch heute als Ehepaar zusammen.[148]

Den Witwenstatus der betroffenen Frau und das öffentlich gegebene Heiratsversprechen an die Adresse des anonymen Täters sowie die Einlösung dieser Zusage am Ende hat KLEIST in dieser Quelle vorgefunden.

Im April 1798 hatte das *Berlinische Archiv der Zeit und ihres Geschmacks* ohne Verfasserangabe eine Erzählung mit dem Titel »Gerettete Unschuld« publiziert, in der sich ein junger Kaufmann an einer scheintoten Wirtstochter vergeht. Das wieder erwachte Opfer kann, nach ärztlich diagnostizierter Schwangerschaft, zunächst den Vater von seiner Unschuld überzeugen, wird aber von diesem nach der Geburt eines Sohnes für immer verstoßen. Nach vier Jahren tritt der Kaufmann wieder in Erscheinung, bekennt seine Tat und kann dem Vater erneut die Untadeligkeit seiner Tochter plausibel machen, woraufhin dieser sich unter Tränen mit ihr aussöhnt. So gibt der Vater den Weg für eine Hochzeit endlich frei. KLEIST hat also den Witwenstatus des Opfers aus der ersten Quelle mit dem Tochterstatus aus dieser zweiten Quelle effektvoll kombiniert.[149]

Für die erotisierte Versöhnungsszene zwischen dem reuigen Vater und der rehabilitierten Tochter hat KLEIST schließlich ein Kapitel aus ROUSSEAUS Briefroman *LA NOUVELLE HÉLOÏSE* (1764) als Vorbild gedient. Um eine Schwangerschaft zu verhindern, züchtigt dort der Vater Julie mit körperlicher Gewalt wegen ihrer verbotenen Liebesbeziehung zu ihrem Hauslehrer St. Preux. Die Mutter stellt sich schützend vor die Tochter und der Vater muss zurückstecken. Nach dem schweigend eingenommenen Abendessen zieht er Julie auf seine Knie:

> Das alles geschah stillschweigend; [...] eine gewisse Verwirrung, die wir uns nicht zu überwinden getrauten, erweckte zwischen Vater und Tochter jene reizende Verlegenheit, die bei Verliebten aus Scham und Zuneigung entsteht, während eine zärtliche Mutter, vor Freuden entzückt, ein so süßes Schauspiel insgeheim mit den Augen verschlang. Ich tat, als würde ich fallen; um mich zu halten, warf ich den einen Arm um meines Vaters Hals, neigte zu seinem ehrwürdigen Gesichte das meinige, und im Augenblicke ward es mit Küssen bedeckt und von meinen Tränen überschwemmt. An denen, die ihm aus den Augen strömten, sah ich, daß er selbst von einer großen Pein erlöst war; auch meine Mutter kam, um unser Entzücken zu teilen.[150]

Aus dieser Quelle hat KLEIST auch die voyeuristische Beobachterrolle der Mutter übernommen. Ein auffälliger Unterschied ist jedoch, dass ROUSSEAU Julie selbst erzählen lässt, während KLEIST in dieser Szene die Perspektive seiner Protagonistin gänzlich ausspart, wie überhaupt seine unvergleichliche Erzählweise *DIE MARQUISE VON O...* zu einem vollkommen eigenständigen Kunstwerk geformt hat.

Der eingeklammerte Untertitel »Nach einer wahren Begebenheit, deren Schauplatz vom Norden nach dem Süden verlegt worden« (3), ist als Bestandteil der literarischen Fiktion zu werten. Vieles spricht allerdings dafür, dass die Handlung und ihre Problematik eher in KLEISTS Heimat Preußen als in Italien anzusiedeln ist.

2 Aufbau

2.1 Die Exposition

Ähnlich wie *Das Erdbeben in Chili* eröffnet Kleist seine Novelle *Die Marquise von O…* mit einem Paukenschlag, der den Leser unvermittelt in das Geschehen hineinzieht. Wiederum sind es mehrere **unerhörte Begebenheiten** im Sinne der Goethe'schen Novellendefinition, die nach detaillierten Erläuterungen verlangen und die Neugierde nach dem Fortgang der Handlung wecken (vgl. S. 21 f. dieser Arbeit). Ist es schon skandalträchtig genug, dass eine Witwe **von vortrefflichem Ruf, […] ohne ihr Wissen, in andere Umstände gekommen** ist, so wird der Skandal noch dadurch potenziert, dass die betroffene **Dame** der gesellschaftlichen Oberschicht angehört und selbst ihr Missgeschick **mit solcher Sicherheit** (3) und in provokanter Weise per Zeitungsannonce öffentlich macht. In den beiden ersten Sätzen ist bereits der zentrale Konflikt dieser Erzählung angelegt[151]: der scheinbar unauflösliche Widerspruch zwischen einem in sich ruhenden, seiner Schuldlosigkeit gewissen Gefühl und den vielfältigen Auswirkungen, mit denen ein Mensch unverhofft durch ein außerordentliches Ereignis konfrontiert wird.

Die in der Exposition der *Marquise von O…* dargelegte Grundkonstellation ist oft mit Skepsis und Kritik beurteilt worden. Einen fragwürdigen ›Rettungsversuch‹ unternahm Gerhard Fricke: **Gegen die Wahl dieses Stoffes werden die unermüdlichen ästhetischen und moralischen Einwände so lange im Recht bleiben, als man nicht mit Kleist der Kunst eine Aufgabe stellt, die tiefer, umfassender, realer zugleich und religiöser ist als die ästhetische oder moralische.**[152] Die Aufgabe, die Kleist seiner Kunst stellt, zielt freilich gerade auf die Auffächerung irdischer, menschlich-allzumenschlicher Dinge, die eine religiöse Verbrämung nicht vertragen.

Nicht unproblematisch ist allerdings auch Walter Müller-Seidels Entgegnung auf Fricke, Kunst habe es (ungeachtet des Sujets) **in jedem Fall mit dem Schönen zu tun. […] Denn das Schöne behauptet sich inmitten einer fragwürdig gewordenen Welt. Das gibt der Dichtung Kleists den dunklen Glanz.**[153] Dem Schönen zur Geltung zu verhelfen ist ebenfalls nicht das wesentliche Anliegen des Autors der *Marquise von O…* Und Kleists spielerisch-ironischer Umgang mit dem Stoff verleiht dem Text eher einen heiteren Glanz. Das wird noch zu zeigen sein.

2.2 Die zweigliedrige Struktur

Die im Erzähleingang geweckten Lesererwartungen werden im weiteren Verlauf der Novelle nacheinander, aufgeteilt in zwei Hauptabschnitte, erfüllt – jedoch mehr in kunstvoll andeutendem Verschweigen als in expliziter Benennung des Sachverhalts.

Der erste Hauptabschnitt umfasst etwa drei Fünftel des gesamten Textes und trägt die Vorgeschichte bis zum Zustandekommen der Zeitungsannonce nach. Als die aus dem Elternhaus verstoßene Marquise auf ihrem Landsitz wieder zu sich selbst gefunden hat und **sich das junge Leben** immer spürbarer in ihr regt, lässt sie **jene sonderbare Aufforderung in die Intelligenzblätter von M … rücken** (30). Der entscheidende Vorgang, die Vergewaltigung der bewusstlosen Marquise durch den Grafen F …, bleibt indessen auf raffinierte Weise unerwähnt, ausgedrückt lediglich durch einen Gedankenstrich mitten im Satz: **Hier – traf er, da bald darauf ihre erschrockenen Frauen erschienen, Anstalten, einen Arzt zu rufen [...]** (5). Die Wahrheit über den eigentlichen Tathergang wird erst später, mit Beginn des zweiten Hauptteils, offenkundig. Sie ist durch mehrere Anspielungen für den Leser sogar eher ahnbar als für die Personen der Handlung. Auf die Auflösung des rätselhaften Faktums[154] hin wird erzählt. In diesem Sinne ist in der Forschung zu Recht auf das dieser und anderen Novellen KLEISTS zugrunde liegende Kriminalschema hingewiesen worden.[155] Die MARQUISE VON O… entspricht durchaus der Definition Ernst Blochs von der Rekonstruktion des Unerzählten.[156] Kreutzer spricht in ähnlichem Sinne von der **analytischen Form**[157] der Novelle.

Der Rückblick des ersten Hauptabschnitts erwähnt zunächst den drei Jahre zurückliegenden Tod des ersten Mannes der Marquise und ihr anschließendes zurückgezogenes Leben auf ihrem Landsitz, beschreibt dann die Eroberung der Zitadelle durch die russischen Truppen, die Bedrängung der Marquise durch die feindlichen Scharfschützen, die Rettung durch den russischen Offizier Graf F …, die Exekution der ›gemeinen‹ Soldaten und die Abreise des Grafen; danach die Kapitulation des Kommandanten und den Umzug der gesamten Familie in ein Stadthaus. Kaum glaubt man, **die alte Ordnung der Dinge** sei zurückgekehrt, als sich die ersten **sonderbaren** (9) Veränderungen am Zustand der Marquise bemerkbar machen. Ehe dieses Problem ergründet ist, erfolgt die überraschende Rückkehr des totgesagten Grafen und sein äußerst dringlich vorgebrachter Heiratsantrag an die Marquise, die hinhaltende Ratlosigkeit der Familie und der erneute Aufbruch des Grafen. Die nunmehr unwiderlegbar festgestellte Schwangerschaft durch einen Arzt und eine Hebamme lässt den abwesenden Grafen, der ja noch nicht als potenzieller Vater identifiziert ist, denkbar weit von seinem Eheziel entfernt erscheinen, zumal die Marquise von ihren Eltern verstoßen wird und sich auf ihrem Landsitz von aller Welt abkapselt und nach ihrer Selbstfindung nichts anderes will, als den unbekannten Erzeuger des in ihr entstehenden neuen Lebens zu finden und zu heiraten. Damit ist, von der pikanten Ausnahme abgesehen, der ersten der beiden im Erzähleingang geweckten Lesererwartungen, nämlich wie es zu dem schockierenden Zeitungsinserat gekommen ist, Genüge getan. Zugleich ist hier die Vorgeschichte beendet.

Im zweiten Teil wird dann, zeitlich anknüpfend an den Anfang der Novelle, der durch die Annonce ausgelöste weitere Verlauf des Geschehens erzählt. Auf den neuerlichen Versuch des inzwischen wieder zurückgekehrten Grafen, die Marquise zur Frau zu gewinnen, und sein Scheitern, weil er für sie ja noch immer nicht als Vater des erwarteten Kindes infrage kommt, folgt die anonyme Antwort des Werbenden an die Marquise, ebenfalls per Anzeige in einem **Intelligenzblatt** (36). Nachdem sich die Mutter mithilfe einer **schändlichen List** (40) auf dem Landsitz der Marquise von deren Unschuld überzeugt und mit ihr ausgesöhnt hat, muss auch der Vater seine starre Ablehnung aufgeben und unter großem Tränenaufwand die Tochter wieder in sein Haus aufnehmen. Den Höhepunkt der ganzen Erzählung bildet **der gefürchtete Dritte** (44), das per Inserat vereinbarte Datum, an dem jener sich melden soll, der die Schwangerschaft verursacht hat. Mit seinem Erscheinen gesteht der Graf F … seine Schuld ein. Indem der vorerst von der Marquise entsetzt Zurückgewiesene einen **Heiratskontrakt** unterzeichnet, in welchem er **auf alle Rechte eines Gemahls** verzichtet und sich **allen Pflichten, die man von ihm fordern würde** (48), unterwirft, darf er die Marquise formell heiraten. Und dank seines **zarten, würdigen und völlig musterhaften** Betragens erhält er schließlich, **nach Verlauf eines Jahres, ein zweites Jawort** (49) und kann die Ehe wirklich vollziehen. Die Erzählung endet mit dem Ausblick auf eine **ganze Reihe von jungen Russen,** die **jetzt noch dem ersten** folgte.

Der erste Teil der Novelle kulminiert in der Aufklärung darüber, wie es zu der Aufsehen erregenden Annonce kam. Im zweiten Teil wird sogleich ein neues Rätsel gestellt, nämlich warum die Marquise den gesuchten Vater des Kindes, da sie ihn gefunden hat, doch nicht ehelichen will. Die Begründung bringt der letzte Satz: [...] **er würde ihr damals** [am gefürchteten Dritten] **nicht wie ein Teufel erschienen sein, wenn er ihr nicht, bei seiner ersten Erscheinung** [als er sie rettete], **wie ein Engel vorgekommen wäre** (50). In jedem der beiden Hauptabschnitte wird also jeweils ein eigener Spannungsbogen konstruiert und einem auflösenden Ende zugeführt. Gleichwohl sind die beiden Teile nicht nur durch den thematischen Zusammenhang miteinander verbunden. Genau genommen werden in der

MARQUISE VON O… zwei Geschichten erzählt: die der Titelgestalt und die des Grafen. Beide Geschichten sind in ihrer Zielrichtung gegenläufig angelegt und prägen durch diesen besonderen Aufbau die gesamte Erzählung. Dabei liegt die **Besonderheit dieser Erzählführung** darin, dass die beiden Geschichten zwar in unterschiedlicher Perspektive, nicht aber **im Nacheinander dargestellt** werden, vielmehr sind sie von Beginn an eng **miteinander verschachtelt.**[158]

3 Thematik

3.1 Die Bedeutung der Gesellschaft

Die Gesellschaft, im ERDBEBEN der eigentliche Widerpart der Protagonisten, spielt nach der Auffassung von Klaus Müller-Salget in der MARQUISE VON O… nur eine Nebenrolle.[159] Das ist insofern richtig, als außer der Familie des Obristen kaum bedeutende Vertreter der Öffentlichkeit konkret in Erscheinung treten. Der Arzt und die Hebamme werden von der Marquise zu Rate gezogen um ein unabhängiges Urteil zu fällen, um gleichsam von außen die Schwangerschaft zu bestätigen und die familieninterne Irritation zu beenden. Sie üben also mehr eine medizinische als eine soziale Funktion aus.

Im Bewusstsein der Hauptfiguren jedoch ist die Gesellschaft ein eminent wichtiger Faktor. Bereits mit dem Aufgeben der Zeitungsannonce tut die Marquise einen **den Spott der Welt reizenden Schritt** (3) und sie ist sich sehr wohl darüber im Klaren. Sie entschließt sich zu diesem ungewöhnlichen Vorgehen ja überhaupt nur, weil ihr **der Gedanke […] unerträglich** ist, dass dem in ihr heranreifenden Kind **ein Schandfleck in der bürgerlichen Gesellschaft ankleben** (30) könnte. Ihre Angehörigen sehen dies offenbar genauso, denn ihr Bruder, der Forstmeister, spricht ausdrücklich **von der Schande, die die Marquise über die Familie gebracht** (31) habe. Nicht so sehr die Tatsache einer unehelichen Empfängnis als vielmehr deren Bekanntwerden bringt die Eltern derart in Rage, dass sie ihre Tochter aus dem Hause weisen und sogar ihrer Kinder berauben wollen. In dieses Denkschema passen nahtlos auch die von der Hebamme genannten **Mittel […], wie man, in solchen Fällen, dem Leumund der Welt ausweichen könne** (27).

Andererseits bringt die Erbitterung der Marquise über die Ungerechtigkeit der Eltern sie schließlich dazu, dass ihr **Schmerz ganz und gar dem heldenmütigen Vorsatz Platz machte, sich mit Stolz gegen die Anfälle der Welt zu rüsten** (29). Und ähnlich ist auch die emphatische Erklärung der Mutter, nachdem sie einsehen muss, dass ihre Tochter einen fehlerfreien Lebenswandel geführt hat, vor dem Hintergrund der gesellschaftlichen Öffentlichkeit zu verstehen: **Ich biete der ganzen Welt Trotz; ich will keine andere Ehre mehr, als deine Schande […]** (41). Den beiden Frauen gelingt es damit nach einem längeren Prozess innerer Entwicklung immerhin ansatzweise, ihr individuelles Selbstbewusstsein gegenüber der Front des auf den äußeren Schein bedachten Kollektivs zu behaupten. Und auch der Graf, der sich aufgrund seines schweren Vergehens in einer ganz anderen Position befindet, trägt den gesellschaftsorientierten Wertvorstellungen der Familie Rechnung, wenn er für seinen guten ›Ruf‹ einsteht. Er problematisiert aber zugleich diesen zentralen Begriff der Konvention[160], indem er ihn als die **zweideutigste aller Eigenschaften** (12) bezeichnet. Über die Kluft zwischen Wahrheit und sozialer Norm, die vor der öffentlichen Meinung mit dem Anschein der Makellosigkeit überbrückt werden muss, vermag der Graf sich leichter hinwegzusetzen. Er, der über die Umstände genauer Bescheid weiß als die Übrigen, kann sicher sein, dass die Marquise mehr wert ist als die Welt, die sie verachtet (vgl. 31), und hält demzufolge der **Welt zum Trotz** (32) an seiner Werbung fest.

Aus alledem wird ersichtlich, wie sehr das Verhalten der Personen aufgrund verinnerlichter Maßstäbe auch gesellschaftlich motiviert ist, obwohl es erst gar nicht dazu kommt, dass von irgendeiner sozialen Instanz überhaupt direkt Druck auf sie ausgeübt würde. Wie repressiv die Haltung dieser Gesellschaft bezüglich der Sexualität ist, wird gerade auch am Ende deutlich, als der Graf **allein durch die konsequente Unterdrückung seines Begehrens**[161], die obendrein noch vertraglich geregelt sein muss, die Eheeinwilligung von der geliebten Frau erringen und sich ihre Gegenliebe verdienen kann.

Freilich erreicht der Graf sein Ziel nicht nur dadurch, dass er nun seine reuig-liebevolle Askese unter Beweis stellt. Er hat auch noch etwas Handfesteres parat. Schon bei seinem ersten Heiratsantrag lässt er nicht unerwähnt, **daß er Herr eines ansehnlichen Vermögens** (13) sei. So richtig verziehen wird ihm am Ende auch erst, nachdem er anlässlich der Taufe seines Sohnes **eine Schenkung von 20000 Rubel an den Knaben** überreicht und die Marquise, **falls er stürbe, zur Erbin seines ganzen Vermögens** eingesetzt hat. **Von diesem Tage an ward er, auf Veranstaltung der Frau von G ..., öfter eingeladen** (49).

Nicht zuletzt also ist es seine ökonomische Potenz, die dem Grafen zum Erfolg verhilft. Der Obrist und seine Frau haben daran auch von Anfang an keinen Zweifel gelassen. Noch ehe man die Identität des gesuchten Vaters kennt, werden die Rahmenbedingungen festgelegt. Während die schwangere Marquise vor allem den gesellschaftlichen Aspekt im Auge hat und willens scheint, **in jedem Falle, wenn die Person nur nicht ruchlos wäre, ihr gegebenes Wort in Erfüllung zu bringen** (45), stellen die Eltern unmissverständlich den materiellen Gesichtspunkt in den Vordergrund. Sollten nämlich **die Verhältnisse** des zukünftigen Schwiegersohns **so beschaffen sein, daß sie selbst dann, wenn man ihnen durch Begünstigungen zu Hülfe käme, zu weit hinter den Verhältnissen der Marquise** (45) zurückbleiben, so würde man sich der Heirat widersetzen und lieber die Tochter bei sich behalten und das Kind adoptieren.

Unbeschädigte Reputation und Besitz haben in der Werteskala dieser Gesellschaft einen gleich hohen Stellenwert. Seine moralische Integrität kann der Graf durch anhaltende Tugendhaftigkeit wiederherstellen; unabdingbar kommen aber die finanziellen Zuwendungen an die Familie hinzu. Schenkungsurkunde und Testament sind seine Entreebillets in diese Gesellschaft.

Es ist jedoch nicht nur sein Reichtum, der den Grafen für den Obristen und seine Familie attraktiv macht, verlockend ist auch sein höherer sozialer Rang:

> Die Ehrerbietung und Höflichkeit, die die Kommandantenfamilie dem Grafen auch dann noch entgegenbringt, als sein Betragen immer sonderbarer und ›unschicklicher‹ wird, deutet auf ihre untergeordnete gesellschaftliche Stellung: zu der Dankbarkeit, die sie dem Retter ihrer Tochter schuldig zu sein glauben, kommt ihre Verbeugung vor dem Grafentitel – daran läßt Kleist keinen Zweifel.[162]

Ihr Jawort bringt der Marquise nicht nur einen beträchtlichen materiellen Zugewinn ein, sondern sie avanciert auch zur Gräfin. Sie hat, trotz der erwähnten Landsitze, bislang dem verarmten Adel angehört. Und dieser ist, wie Michael Moering ausgeführt hat, **desto empfindlicher auf Wahrung des ›guten Rufs‹, Einhaltung von ausgesprochenen und unausgesprochenen Konventionen und strikte Beachtung der Etikette aus [...], je mehr ihn das nachfolgende Bürgertum in seiner Führungsposition bedrängt.[163]** Ausdrücklich heißt es ja, dass dem dritten Kind der Marquise kein **Schandfleck in der _bürgerlichen_ Gesellschaft** (30; Hervorhebung von mir; H. K.) anhaften soll. Ihre Zugehörigkeit zum verarmten Adel gebietet es also, sich in ihren gesellschaftlichen Wertvorstellungen auch nach unten zu orientieren.

Andererseits entspricht das Bemühen der ganzen Familie um die Wahrung des Scheins durchaus ihrem Standesbewusstsein. KLEIST zeichnet in seiner Erzählung nicht zuletzt auch ein kritisches Soziogramm gerade dieser Schicht. Das wird schon ersichtlich durch das auffällige (bereits im Titel erscheinende) **Hervorkehren der Adelsprädikate**[164] sowie die Betonung der Offiziersränge des Grafen und des Obristen. Auch die Verwendung der Namenskürzel hängt damit zusammen. Durch dieses **Stilmittel der verschwiegenen Namen**[165] und angedeutete Schauplätze, das KLEIST aus den zeitgenössischen moralischen Erzählungen, Kriminalgeschichten und Prozessberichten übernommen hat, soll offensichtlich der Eindruck erweckt werden, als handle es sich hier um eine wahre Begebenheit, und mit Rücksicht auf die beteiligten Personen von Stand dürfe deren Identität nicht preisgegeben werden. Dies will ja auch der Untertitel der _MARQUISE VON O..._ suggerieren. Dadurch wird das neugierige Interesse des Lesers für diesen Fall zusätzlich gesteigert. [Der Anfangsbuchstabe F vom Nachnamen des Grafen spielt möglicherweise als Abkürzung für das lateinische ›fecit‹

(›hat es gemacht‹) auf dessen Täterschaft an.[166]] Der Erzähler belässt es jedoch nicht bei Äußerlichkeiten. Name und Identität gehören eng zusammen. Damit aber ist ein zentraler thematischer Aspekt dieser Novelle ange-
sprochen: die Identitätsproblematik, die insbesondere die Protagonistin
betrifft. Und das Nicht-Nennen bzw. Nicht-Aussprechen[167] ist ja ein essen-
zieller Bestandteil der Erzählstrategie KLEISTS.

3.2 Die Rolle der Familie

Die gesellschaftlichen Konventionen und Wertvorstellungen spielen, wie
gesagt, in dieser Erzählung hauptsächlich insofern eine wichtige Rolle, als
sie von allen Mitgliedern der Kommandantenfamilie internalisiert und zur
Richtschnur ihres Handelns gemacht worden sind. In KLEISTS Darstellung
wird die Problematik der *MARQUISE VON O…* wesentlich auch als innerfa-
miliärer Konflikt ausgetragen. Soziologisch gesehen entspricht diese Gemeinschaft sehr viel eher dem bürgerlichen als dem adeligen Typus. Sie ist
charakterisiert durch private Intimität, ist im Alltag deutlich abgegrenzt gegen die Außenwelt. Es herrscht die Atmosphäre **der patriarchalischen
Kleinfamilie.**[168] Besonders die Frauen verwenden ihre Kräfte vorwiegend
auf die **Ausgestaltung der familiären Innenwelt.**[169] Das Oberhaupt ist für
die wirtschaftlichen Belange zuständig und ist insofern prädestiniert für
die Verbindung zur Gesellschaft. Es besteht sogar eine strikte Trennung
zwischen Privatbereich und beruflicher Tätigkeit, mit klaren Prioritäten.
Als die russischen Truppen die Zitadelle berennen und die Verteidiger zur
Kapitulation auffordern, erklärt der Obrist, **gegen** [!] **seine Familie, daß er
sich nunmehr verhalten würde, als ob sie nicht vorhanden wäre** (4).

Alle Probleme, die durch die Schwangerschaft der Marquise und die
dringliche Brautwerbung des Grafen entstehen, werden intern im Familienrat diskutiert. Von der mutmaßlichen **Schande** fühlt sich die ganze
Familie betroffen. Dieses Ereignis stört das ansonsten so **zurückgezogene
Familienleben**[170] empfindlich. Bezeichnend für die vorrangige Bedeutung
des Familienzusammenhalts ist auch die Tatsache, dass die Marquise nach
dem Tod ihres ersten Mannes ihren Landsitz verlassen hat und wieder ins
Elternhaus übergesiedelt ist. Die Kehrseite dieser Dominanz der innerfa-
miliären Bindung ist freilich, dass die Marquise nach ihrem vermeintlichen
Verstoß selbst verstoßen wird. Die zwischenmenschlichen Beziehungen
sind den Prinzipien der Familiengesetze unterworfen. Die Mutter weist die
Marquise mit theatralischer Gebärde aus dem Familienkreis: […] **geh! geh!
du bist nichtswürdig! Verflucht sei die Stunde, da ich dich gebar!** (27) Und
der Vater tut kund, indem er ihr Porträt von der Wand abhängt, **daß er sein
Gedächtnis ihrer ganz zu tilgen wünsche;** […] **er hätte keine Tochter mehr**
(35). Durch ihren angeblichen Fehltritt verliert die Marquise den Schutz

und die moralische Unterstützung durch die Familie und muss auf ihren Landsitz ausweichen. Sie gerät dadurch in völlige soziale Isolation.

Die räumliche und ›mentale‹ Entfernung aus dem Bannkreis der Familie eröffnet ihr allerdings auch erst die Möglichkeit zu emanzipatorischer Selbstfindung. Indem sie beschließt, **sich ganz in ihr Innerstes zurückzuziehen** und sich [...] **der Erziehung ihrer beiden Kinder zu widmen, und des Geschenks, das ihr Gott mit dem dritten gemacht hatte, mit voller mütterlicher Liebe zu pflegen** (29), orientiert sie sich jedoch weiterhin an der bürgerlichen Tendenz zur Innerlichkeit und an der traditionellen Frauenrolle.[171] Der gleiche Gedanke bestimmt auch ihr Bedürfnis, dem erwarteten Kind **aus Familienrücksichten** (3) einen Vater zu geben und es vor einem **Schandfleck in der bürgerlichen Gesellschaft** (30) zu bewahren. Noch in der Trennung von der Familie behält sie also deren soziale Normen bei. Ihre spätere willig-eilige Bereitschaft, sich mit den Eltern zu versöhnen und in die Familie zurückzukehren, lässt sie auch schnell alle vorangegangenen Kränkungen und Ungerechtigkeiten vergessen. Die vorübergehende Selbstbehauptung und Individualität wird also teilweise wieder rückgängig gemacht. Von da an ordnet sie sich wieder den vom Familienrat verordneten Verhaltensmaßstäben unter.

Insgesamt erweist sich die Institution Familie als **verlängerter Arm der Gesellschaft, als Instrument der Moral der Gesellschaft**[172], die auf diese Weise den intimsten Bereich des Einzelnen kontrolliert. Die Rangordnung innerhalb der Familie spiegelt die gesellschaftliche Hierarchie. Der Herrschaftsanspruch des Vaters geht sogar so weit, dass er buchstäblich mit patriarchalischer Gewalt die Tochter aus dem Haus treibt. Dabei spielt gewiss nicht nur seine moralische Entrüstung eine Rolle, sondern auch der unbedingte Wille zur **Aufrechterhaltung väterlicher Autorität.**[173] Die Marquise muss sich fügen, ihr Bruder billigt dieses Verfahren, die Mutter kann nur nachträglich und mit (anfangs heimlicher) List dagegen aufbegehren. KLEIST untergräbt allerdings ganz unverhohlen diese autoritäre Familienstruktur, indem er den Kommandanten nicht nur zur zweimaligen Kapitulation gegenüber dem russischen Offizier Graf F ... zwingt, sondern ihn in seinen überzogenen Reaktionen in der Verstoßungsszene und mehr noch in der späteren Versöhnungsszene karikiert.

3.3 Schicksal – Gefühl – Widersprüche

In seinem lange Zeit für die Forschung richtungweisenden Buch GEFÜHL UND SCHICKSAL BEI HEINRICH V. KLEIST (1929) hat Gerhard Fricke den seines Erachtens grundlegenden **inneren Vorgang im Leben und Schaffen des Dichters,** wie es im Untertitel heißt, beschrieben. Gerade in der MARQUISE VON O ... sieht er **in gedrängtester und kraftvollster Form das Grunderleb-**

nis Kleists, das Verhältnis des existierenden Ich zu seinem Schicksal, [...] zusammengefaßt.[174] Mit einer Kraft, die religiösen Ursprungs[175] sei, vermöge die Protagonistin **das rätselhafte und vernichtende Schicksal zu überwinden, ohne an dem Widerspruch zwischen der Wirklichkeit und der bewahrten Reinheit des Gefühls zugrunde zu gehen.**[176] Fricke meint, psychologische Kategorien reichten zur Erklärung ihres Verhaltens nicht aus. Er spricht von **der weltüberwindenden Kraft des Gefühls, das hier das credo quia absurdum gleichsam auf einer neuen Stufe vollbringt.**[177]

In der neueren Forschung ist der religiöse Gesichtspunkt in den Hintergrund getreten. Gerade psychologische und psychoanalytische Überlegungen sowie Untersuchungen zur Erzählstrategie KLEISTS sind ins Blickfeld gerückt (vgl. S. 86 ff. und S. 91 ff. dieser Arbeit). Kritisch anknüpfend an Fricke hat Walter Müller-Seidel 1954 in einer sehr viel differenzierteren Interpretation der *MARQUISE VON O...* die **Struktur des Widerspruchs** als wesentliches Charakteristikum der Novelle herausgestellt. Er führt die Kernproblematik der Marquise auf KLEISTS KANT-Krise (vgl. S. 30 dieser Arbeit) zurück: **Weil für Kleist die Philosophie der eindeutigen Erkenntnis ermangelt, wird die Welt zweideutig und widerspruchsvoll.**[178] Letztlich hält auch Müller-Seidel am religiösen Aspekt fest: [...] **die Welt ist gebrechlich. Aber Göttliches wirkt in ihr gleichwohl. Und die Frage ist immer wieder, wie durch alle Gebrechlichkeiten und Widersprüchlichkeiten hindurch das Göttliche ›erkannt‹ werden kann.**[179] Darauf soll im Folgenden noch eingegangen werden.

Die Situation, in die der experimentierende Erzähler die Marquise stellt, um sozusagen gemeinsam mit dem Leser (vgl. S. 42 dieser Arbeit) ihr Verhalten zu beobachten, ist von außerordentlicher Paradoxie geprägt, die mit keinem geläufigen Denkschema oder eingeübten Handlungsmuster zu bewältigen ist. Die ihr unerklärliche Schwangerschaft stürzt sie in eine seelische Zerreißprobe, die sie an den Rand des Wahnsinns treibt. Sie versichert, dass ihr Bewusstsein so rein wie das ihrer Kinder sei (vgl. 24) und ruft **alle Heiligen zu Zeugen ihrer Unschuld** (28) an, trotzdem kann sie die Realität der medizinisch bestätigten Fakten nicht leugnen. Mit rhetorischer Emphase bringt die Obristin den unauflösbar scheinenden Widerspruch auf den Punkt: **Ein reines Bewußtsein, und eine Hebamme!** (24). Mit diesem Dilemma zwischen dem subjektiven Gefühl der Schuldlosigkeit und dem objektiven Schicksal der sich ankündigenden Mutterschaft wird die Protagonistin allein gelassen. Eine befreiende Lösung findet sie zwar zunächst nicht (die kann ja auch nur vom ›Täter‹ kommen), aber dank ihrer erzwungenen Selbstständigkeit gelingt es ihr, den Zustand des passiven Erleidens zu überwinden und einen Ausweg zu beschreiten, indem sie die Herausforderung des Schicksals annimmt und den Vater des Kindes per

Zeitungsinserat sucht. Erst dieses aktive Handeln der Marquise ermöglicht es ihr, zur Aufklärung des Falls entscheidend beizutragen und sich am Ende mit der Wirklichkeit zu arrangieren. Die Widersprüchlichkeit dieser Wirklichkeit bringt KLEIST auf die Formel von **der gebrechlichen Einrichtung der Welt** (49), in der beide Extreme, das Gute *und* das Böse, nebeneinander, und oft genug auch ineinander verflochten, existieren.

Während die Marquise die schwere seelische Krise durchläuft, ist ihr Gefühl allerdings keineswegs so unerschütterlich, wie Fricke und auch Müller-Seidel annehmen. Der Erzähler verleiht diesem Begriff bewusst eine schillernde Bedeutung: Einerseits muss sie, des werdenden Lebens in sich eingedenk, geradezu eine Spaltung ihres Ichs befürchten: **Hab ich nicht mein eigenes, innerliches, mir nur allzu wohlbekanntes Gefühl gegen mich?** (23). Andererseits trifft sie eine **ihr innerstes Gefühl verletzende** (30) Maßnahme, um den Vater ihres Kindes zu finden. Und in der Einschätzung des Grafen, bevor sie die ganze Wahrheit kennt, dispensiert sie sich sogar von einem eigenen Urteil: **Der Forstmeister [...] fragte, wie er ihr denn, was seine Person anbetreffe, gefalle? Die Marquise antwortete, mit einiger Verlegenheit: er gefällt mir und mißfällt mir; und** *berief sich auf das Gefühl der anderen* (18 f.; Hervorhebung von mir; H. K.). Das Gefühl erscheint hier durchaus nicht als untrügliche Instanz, die unfehlbar zu sicheren Entscheidungen befähigt, es ist vielmehr angesichts des Schicksals und seiner unvereinbaren Widersprüche in höchstem Maße gefährdet. Nicht zu Unrecht ist in der Forschung verschiedentlich betont worden, dass der zentrale Konflikt der MARQUISE VON O... auch den Keim des Tragischen enthält.

4 Die Personen

4.1 Die Marquise

Für ihre Familie schwankt das Bild der Marquise **zwischen schamloser Dirne und Heiliger.**[180] Dass sie für ihre Angehörigen in so extrem unterschiedlichem Licht erscheinen kann, liegt an der Situation, in die sie hineingeraten ist. Ihrem ursprünglichen Temperament nach scheint sie kaum prädestiniert, ein solch paradoxes Problem zu bestehen. Die drei Jahre nach dem Tod ihres ersten Mannes hat sie **in der größten Eingezogenheit** zugebracht und war **mit Kunst, Lektüre, […] Erziehung, und ihrer Eltern Pflege (3)** anscheinend ausgelastet. Sie hat ihre Witwenschaft offenbar **vorbildlich übererfüllt.**[181] Diesen Lebensstil erachtet sie wohl als ihr gemäß, denn auch später als Verstoßene macht sie sich rasch wieder **mit dem Schicksal, in ewig klösterlicher Eingezogenheit zu leben, vertraut.** Der Erzähler stellt sie in der Gartenlaube ihres Landguts sitzend dar, **kleine Mützen, und Strümpfe für kleine Beine (29)** strickend. Ein Tableau, das den äußeren Eindruck biedermeierlicher Idyllik erweckt.

Ihr anfänglich so friedvoll-harmonisches Dasein, zu dem die gesellschaftlichen Konventionen die Enthaltsamkeitsregel hinzudiktiert haben, wird durch die Kriegsereignisse plötzlich und nachhaltig gestört. Weder mit sich selbst, noch mit ihrer Familie, noch mit dem sozialen Normensystem kann sie im Einklang bleiben. Unverschuldet wird sie in eine leibliche, eine psychische und eine soziale Identitätskrise gestürzt.[182] Bereits in den häufigen Ortswechseln (vom Landsitz auf die Zitadelle, von dort in ein Haus in der Stadt, dann wieder auf den Landsitz und erneut zurück in die Stadt und am Ende dann wieder auf den Landsitz) kommt die Diskontinuität ihrer Lebensführung zum Ausdruck.[183] In dem Moment, da der seelische Druck der unverkennbaren Schwangerschaft am stärksten auf ihr lastet, wird dieser noch erhöht durch den familiären, indem die Eltern sich von ihr lossagen, sie mit Gewaltandrohung aus dem Haus weisen und ihr sogar ihre beiden Töchter wegnehmen wollen. Auf diesem ersten Höhepunkt ihrer Krise gelingt ihr eine entscheidende Wende. Mit **dem ganzen Stolz der Unschuld gerüstet,** bringt sie ihre **Kinder, diese ihre liebe Beute,** vor dem Zugriff des Bruders in Sicherheit und empfindet bei diesem Sieg große **Selbstzufriedenheit: Durch diese schöne Anstrengung mit sich selbst bekannt gemacht, hob sie sich plötzlich, wie an ihrer eigenen Hand, aus der ganzen Tiefe, in welche das Schicksal sie herabgestürzt hatte, empor (29).** Wenn sie auch ihren inneren Konflikt vorerst nicht lö-

sen kann, vermag sie ihn nun doch in all seiner extremen Spannung aus-
zuhalten: **Ihr Verstand, stark genug, in ihrer sonderbaren Lage nicht zu
reißen, gab sich ganz unter der großen, heiligen und unerklärlichen Einrichtung der Welt gefangen** (29). Jochen Schmidt hat zu Recht darauf hingewiesen, dass hier weder **von demütiger Annahme noch von Bejahung**[184]
die Rede ist. Sie gibt sich gefangen. Das religiöse Moment deutet Schmidt
aus der Perspektive der Marquise als Fluchtbewegung, aus der Perspektive
des Dichters sei es aber ironisch gemeint, da am Schluss der Erzählung
alles ›Große, Heilige‹, weil zunächst Unerklärliche, auf das ›gebrechliche‹
menschliche Maß reduziert[185] werde.

Die Marquise gelangt zwar durch ihre Selbstfindung zu einer gewissen
inneren Unabhängigkeit, die ihr hilft, ihre paradoxe Lage durchzustehen,
ihr Verstand ›reißt nicht‹, dennoch kann sie die Realität nur ertragen, aber
nicht verstehen. Auf ein Ausweichen ins Irrationale deutet ihre wider-
sprüchliche Vorstellung von dem unbekannten Vater und dem von ihm gezeugten Kind. Von dem Vater meint sie, **daß derselbe doch, ohne alle Rettung, zum Auswurf seiner Gattung gehören müsse, und [...] nur aus dem
zertretensten und unflätigsten Schlamm** der Welt **hervorgegangen sein
könne.** Von seinem Kind aber glaubt sie, dass **dessen Ursprung, eben weil
er geheimnisvoller war, auch göttlicher zu sein schien** (30).[185a]

Als sie durch das Erscheinen des Grafen am ›gefürchteten Dritten‹ (vgl.
44) alle Anhaltspunkte hat, um diese erste Krise rational zu bewältigen,
wird sie sofort in eine zweite hineingerissen. Ebenso wenig wie sie zunächst
mit der unwissentlichen Empfängnis fertig wurde, kann sie nun die Tatsache verstandesmäßig verarbeiten, dass ihr vermeintlich so edler Retter
selbst derjenige war, der sie geschändet hat. Beim Anblick des Grafen, der
übrigens effektvoll **in genau demselben Kriegsrock, mit Orden und Waffen, wie er sie bei der Eroberung des Forts getragen hatte** (und also auch
bei der Tat), das Zimmer betritt, sinkt sie fast **vor Verwirrung in die Erde**
und muss erneut fürchten, **wahnsinnig** (46) zu werden. Sie weist ihn wie einen **Pestvergifteten** von sich und erklärt, mit dem Augenausdruck einer
Furie, dass sie sich diesem Mann nicht vermählen könne. Sie war **auf einen
Lasterhaften [...] gefaßt, aber auf keinen — — — Teufel!** (47). Die drei Ge-
dankenstriche erinnern in subtiler Steigerung an den einen, mit dem der
Erzähler anfangs die eigentliche Tat verschwiegen übergangen hat. Die
Marquise ihrerseits verweigert lange jede weitere Auskunft auf die Frage,
**warum sie denn ihren Entschluß plötzlich geändert habe? und was ihr den
Grafen gehässiger mache, als einen andern?** (48). Sie lässt den Vater für
sich handeln und den **Heiratskontrakt** (48) formulieren, gibt lethargisch
dem Grafen ihr erstes Jawort und braucht ein Jahr, um diesen zweiten Konflikt zu bewältigen, d. h. um zu akzeptieren, dass das menschliche Maß en-

gelhafte und teuflische Züge umspannen kann. Auf die Frage, ob und inwieweit die Marquise geahnt hat, dass der Graf der gesuchte Täter ist, soll an anderer Stelle eingegangen werden (s. S. 87 ff. dieser Arbeit).

4.2 Der Kommandant

Der Obrist scheint ein von seinem Berufsethos durchdrungener Soldat zu sein. Das zeigt sich schon darin, dass er beim Sturm der feindlichen Truppen auf die Zitadelle gegenüber seiner Familie erklärt, **daß er sich nunmehr verhalten würde, als ob sie nicht vorhanden wäre** (4). Auch bei der Kapitulation erfüllt er korrekt das militärische Zeremoniell. Sicherlich erklärt sich auch sein autoritäres Herrschaftsgebaren, zumindest teilweise, aus seinem Offiziersrang, denn sogar innerhalb seiner Familie droht er mit Waffengewalt und erteilt Befehle (vgl. 28). Sein Charakter weist deutliche Merkmale eines exaltierten Cholerikers auf. Als beispielsweise seine bei dem Pistolenschuss in Ohnmacht gefallene Frau ihm hinterher die tyrannische **Verstoßung der Tochter** vorwirft, sagt er **weiter nichts […], als, es täte ihm leid, daß sie diesen Schrecken umsonst gehabt** (34) und wirft die Waffe auf den Tisch. Kurz danach herrscht er, **vor Wut schäumend** (35), seinen Sohn an, die Marquise herbeizuschaffen, und wenig später zerreißt er, **mit einer plötzlich heftigen Bewegung,** den Brief seiner Tochter und verbietet der Obristin, künftig **in irgend eine Gemeinschaft mit ihr zu treten** (37). Die Ehefrau ist **erbittert** über seinen hartnäckigen **Eigensinn** (37), die Marquise erlebt ihn als **unmenschlichen Vater** (28 f.).

Der patriarchalische Kommandant ist in dieser Familie **am ehesten Vertreter der Gesellschaft,** er ist **derjenige, der am schnellsten und vollständigsten dem falschen Schein anheimfällt**[186] und am längsten auf ihm beharrt. Seine mitleidlose Sturheit angesichts der unwissentlichen Empfängnis der Marquise hängt auch damit zusammen, dass er am konsequentesten die sozialen Normen beachtet. Darum lautet sein **Verdikt […], daß eine Tochter außerhalb der Konvention keine Tochter mehr sei.**[187] Andererseits ist er gegenüber dem Grafen, der ihn militärisch besiegt hat und gesellschaftlich über ihm steht, ständig und penibel **auf Wahrung der Schicklichkeit aus** und ist bemüht, **sich auch noch bei dessen sonderbarstem Betragen […] Zurückhaltung**[188] aufzuerlegen.

Mit der Gefühlsrohheit[189] des Obristen in der Verstoßungsszene korrespondiert seine übersteigerte Rührseligkeit in der Versöhnungsszene. Er fällt von einem Extrem ins andere. Der Erzähler macht ihn lächerlich, wenn er ihn **von weitem heranschluchzen** (42) lässt, und beschreibt, wie er sich **ganz krumm** vorbeugt und heult, **daß die Wände erschallten** und wie er sich **ganz konvulsivisch gebärdete** (43). In dieser Situation erinnert der Soldat eher an einen Pantoffelhelden. Die Szene macht zugleich deutlich, dass er in seinem patriarchalischen Herrschaftsdenken sogar auf erotischem Gebiet seinen Besitzanspruch auf die Tochter ausdehnt (vgl. S. 86 f. dieser Arbeit). Insgesamt findet hier eine Demontage der Institution des autoritären Familienvaters statt, die allerdings im Text keine Folgen hat, da er ja im weiteren Verlauf des Geschehens der Marquise die Handlungsinitiative wieder abnimmt. In beiden Auftritten, sowohl bei der Verstoßung als auch bei der **Komplementärszene** der Versöhnung **ist sein Verhalten bis an die Grenze zur Karikatur hin**[190] geschildert. Die Erzählerironie gipfelt darin, dass seine Frau ihm reichlich Stärkungs- und Beruhigungsgetränke zusammenbraut und ihm eine Wärmflasche ins Bett legt. Zwischendurch lässt der Erzähler ihn immer wieder in ironischem Licht erscheinen, wenn er sich als Meister der Verdrängung aufführt. So etwa fordert er bei der ersten Werbung des Grafen die ratlose Familie abrupt auf, **davon weiter nicht in seiner Gegenwart zu sprechen** (16). Oder als es um die **Geneigtheit der Marquise** geht, **eine neue, ihr ganz gleichgültige Ehe** einzugehen, versucht die Obristin, **vergebens, diesen Umstand zur Sprache zu bringen. Der Kommandant bat immer, auf eine Art, die einem Befehle gleich sah, zu schweigen** (35). Und gleich darauf verbietet er seiner Frau erneut den Mund: **Es ist mir verhaßt, wenn ich nur davon höre** (37).

4.3 Die Obristin

In einigen Punkten gleicht die Obristin ihrem Mann sehr. Auch sie hat die Tendenz, von einem Extrem ins andere zu fallen. Als sich der Verdacht auf Schwangerschaft der Marquise verdichtet, lässt sie die Tochter ganz ungerührt wissen, dass sie das Wochenlager nicht in ihrem Hause halten dürfe (vgl. 24). Und einige Sätze später ruft sie, verständnisvoller, aus: **O Himmel! […] mein liebenswürdiges Kind! Wie rührst Du mich!** (25). Nach der Verstoßung unternimmt sie lange Zeit nichts, sagt aber immerhin, dass **sie lieber an ein unerhörtes Spiel des Schicksals als an diese Niederträchtigkeit ihrer sonst so vortrefflichen Tochter glauben wolle** (36). Gleichwohl bleibt sie skeptisch und versucht gar hinter dem Rücken ihres Mannes, mit List der Wahrheit auf die Spur zu kommen. Nachdem sie von der Unschuld der Marquise überzeugt ist, apostrophiert sie diese mit übertriebenem Pathos als ›**Herrliche, Überirdische**‹, ›**Reinere als Engel sind**‹ (40). Im Prinzip aber hält sie, wie der Kommandant, an den gesellschaftlichen Normen fest. Deren Beachtung rangiert für sie, zumindest am Anfang, über ihrem menschlichen Mitgefühl.

Im Übrigen ist die Obristin (wie der Arzt und die Hebamme) nicht bereit eine **religiöse Verbrämung**[191] der rätselhaften Schwangerschaft zu akzeptieren. Sie beugt dem mutmaßlichen Versuch der Marquise, **ein Märchen von der Umwälzung der Weltordnung** [zu] **ersinnen** (25), energisch vor. Sie denkt zumeist recht pragmatisch und kommt von allen Familienmitgliedern der Wahrheit am nächsten. Am ›gefürchteten Dritten‹ begreift sie als erste die Zusammenhänge: [...] **wen erwarten wir denn –?** [...] **wen sonst, wir Sinnberaubten, als ihn –?** (46). So wie der Mutter einerseits eine bemerkenswert tränenreiche Rührseligkeit nicht fremd ist, verfügt sie andererseits über Lebensklugheit, eine gewisse Verschmitztheit und diplomatisches Geschick[192], wie ihre List und die Umstimmung ihres Mannes beweisen. Nach der Versöhnung ist sie auf der Rückfahrt ins Stadthaus durchaus zu kleinen frivolen Scherzen auf Kosten des Jägers Leopardo aufgelegt. Sie ist es ja auch, die eine neue Vermählung ihrer Tochter wünscht und nach der Taufe den Grafen wieder regelmäßig einlädt und so zum Entstehen der endgültigen Ehe der beiden wesentlich beiträgt. Sie nimmt **den Grafen bei der Hand** und sagt für ihn: [...] **dieser junge Mann bereut von Herzen alles** (47) und setzt, ohne irgendjemanden zu fragen, den Hochzeitstermin auf den nächsten Tag fest. Wie beim faktischen Eingeständnis der Tat, so braucht der Graf auch jetzt nichts zu sagen.

4.4 Der Graf

Dieser komplexeste Charakter aller Handlungspersonen vereinigt in sich die Extreme kompromissloser Brutalität und charmanter Kultiviertheit, was sich gleich bei seinem ersten Auftreten offenbart, als er die Marquise befreit: **Er stieß noch dem letzten viehischen Mordknecht, der ihren schlanken Leib umfaßt hielt, mit dem Griff des Degens ins Gesicht, daß er, mit aus dem Mund vorquellendem Blut, zurücktaumelte; bot dann der Dame, unter einer verbindlichen, französischen Anrede, den Arm** [...] (5). Völlig absurd ist es freilich, den gravierenden Fehler des Grafen auch nur unterschwellig mit seiner Nationalität in Zusammenhang zu bringen, wie das noch 1954 Walter Müller-Seidel getan hat: **Dabei liegt über dem Grafen – einem russischen Menschen! –** [...] **das Rätsel alles Menschlichen. Er ist nicht von der Art seiner Landsleute, die sich wie Tiere an der Reinheit dieser Frau vergreifen wollen. Und er tut doch das, woran er jene hindert.**[193] Es ist der Sache wohl eher angemessen, sich auf den Menschen zu konzentrieren, der sich so verhält.

In einem Brief vom Spätherbst 1807 an seine Kusine Marie spricht KLEIST in einer Selbstcharakterisierung vom ganzen **Schmutz zugleich und Glanz meiner Seele** (II, 797). Dies trifft auch auf den Grafen F … zu. Im militärischen wie im erotischen Bereich ist er ein manchmal unbeherrschter Draufgänger, der gleichwohl sehr feinfühlig sein kann. Ungewollt doppeldeutig meint die Obristin: **Sein heftiger, auf einen Punkt treibender Wille** [...] **scheine ihr grade einer solchen Tat fähig** (15). Sie denkt daran, dass er aus Liebe seine soldatische Karriere aufs Spiel setzen könnte; der Leser assoziiert, dass er sich in seiner sexuellen Triebhaftigkeit vergessen haben könnte. Jedenfalls kommt die ganze Familie **darin überein,** [...] **daß er Damenherzen** durch Anlauf, wie Festungen, zu erobern gewohnt scheine (15). Erst leitet er das Bombardement der Zitadelle, dann leistet er **Wunder der Anstrengung** (5), um die noch unversehrten Gebäude zu retten. Erst zwingt er den Obristen zur Kapitulation, dann erlaubt er ihm großzügig, sich um seine Angehörigen zu kümmern (vgl. 5). Erst nutzt er höchst unbesonnen-schamlos die Bewusstlosigkeit der Marquise aus und schändet sie, dann setzt er alles daran, bis an die Grenze zur Selbsterniedrigung, um seine Tat wieder gutzumachen. Seine moralischen Gewissensqualen mischen sich dabei mit der wachsenden Liebe zu der schönen Frau, die er ins Unglück gestürzt hat. **Durch die gesamte Novelle läuft er nun hinter diesem (immer deutlicher hervortretenden) Ereignis her, ohne es ›rechtzeitig‹ einzuholen.**[194] Er macht dabei, als schamvoll Leidender, einen Entwicklungsprozess durch, der ihn zu Opferbereitschaft und abwartender Geduld erzieht. Eine Zwischenstation auf diesem Weg, vor dem faktischen Geständnis, ist sein überraschender Besuch in der Gartenlaube der Marquise. Diese erlebt ihn zwar auch als **schüchtern**, doch geht er dann mit immer weniger **bescheidener Zudringlichkeit** vor, als er unvermittelt **seinen Arm sanft um ihren lieben Leib** (32) legt und schließlich **einen glühenden Kuß auf ihre Brust** (32 f.) drückt. Hier lässt die Situation ihm aber Zeit und Gelegenheit, sein stürmisches Draufgängertum früh genug zu bremsen. Erst mit der asketischen Einwilligung in den **Heiratskontrakt** (48) und der dauerhaft geübten Zurückhaltung am Schluss erscheint er wirklich als geläutert und ihm wird verziehen. Der über das Ende der Erzählung hinausdenkende Interpret Peter Horn meint dazu:

> Eine Frage allerdings bleibt offen, ja sie erscheint in der Novelle überhaupt nur unter der kleistschen Formel von der ›gebrechlichen Einrichtung der Welt‹: ob nämlich diese Prüfungen überhaupt sicher stellen können, was niemals sicher sein kann«, d. h. ob »eine Wiederholung des Sündenfalls nicht mehr vorkommt?[195]

Horn setzt noch einen weiteren scharf sozialkritischen Akzent, der die ganze Novelle hinterfragt:

> Die Relativierung dieser Tatbestände, die darin bestehen, daß die Marquise den adeligen Vergewaltiger schließlich heiratet, die Soldaten um des bloßen Versuchs willen aber mit dem Tode bestraft werden, kann doch nur bedeuten, daß das Böse, wenn es von der eigenen Klasse ausgeübt wird, nicht so böse ist, wie das Böse, das von der Unterklasse ausgeführt wird.[196]

In der Tat breitet der Text KLEISTS mit seinem lustspielhaften Happyend einen milden Schleier über diese Problematik, die der Autor bewusst vor dem **Horizont der Versöhnung**[197] verschwinden lässt. Als Fazit bleibt festzuhalten, dass der vielschichtige Graf, äußerlich **schön, wie ein junger Gott** (10), in seinem Inneren eine schöne Seele mit hässlichen und schmutzigen Charakterzügen in Einklang zu bringen hat.

5   Psychoanalytische Anmerkungen

Die Hintergründigkeit der KLEIST'schen Erzählstrategie und das durchgängige Prinzip der Doppeldeutigkeit in der Sprachgebung haben besonders in den beiden letzten Jahrzehnten das Interesse der psychoanalytischen Literaturbetrachtung an der MARQUISE VON O... geweckt. Bei aufmerksamem Lesen ist schon die Wortwahl in der Beschreibung des Grafen nach der mit dem Gedankenstrich kaschierten Tat auffällig. Unmittelbar danach beginnt er nicht nur die Folgen seines militärischen Siegs, sondern offenbar auch die seines sexuellen Vergehens zu begrenzen und, soweit möglich, wieder gutzumachen. In der Schilderung seines eiligen und eifrigen Verhaltens sind bereits erste Indizien auf seine Täterschaft wahrzunehmen. Er tritt, nachdem er sich den Hut wieder aufgesetzt hat, **sehr erhitzt im Gesicht** aus dem Haus hervor, in dem er die Marquise zurückgelassen hat, und leistet die erwähnten **Wunder der Anstrengung** (5), um den verursachten Schaden einzudämmen. Wenn er in seiner unermüdlich hektischen Aktivität den Befehl erteilt, **der Flamme, welche wütend um sich zu greifen anfing, Einhalt zu tun** (5), so scheint er damit auch das Feuer, das in seinem Inneren brennt, löschen zu wollen. Es ist **nicht ohne sexualsymbolischen Tiefsinn**[198], wenn es heißt, der Graf **kletterte [...], den Schlauch in der Hand, [...] umher, und regierte den Wasserstrahl [...], und wälzte Pulverfässer und gefüllte Bomben heraus** (6).

Zumindest im Nachhinein erkennt der Leser die Anzüglichkeit dieser Bilder.[199] Sexualsymbolischer Tiefsinn steckt auch hinter der Beschreibung des Vaters, von dem der Leser bald erfahren wird, dass er libidinöse Ansprüche auf seine Tochter erhebt. Der Kommandant ist hier, ohne es schon zu wissen, ein in zweifacher Hinsicht Besiegter, er muss sich **mit sinkenden Kräften** zurückziehen und dem überlegenen Grafen **seinen Degen** (5) übergeben. Ferner wird berichtet, dass der Sieger **schleunigst die festen Punkte** der Zitadelle *bemannte* (5; Hervorhebung von mir; H. K.). **Die Gleichung Festung = Frau wird vollends [...] deutlich**[200], wenn die Familie zu der Ansicht gelangt, dass der Graf **Damenherzen durch Anlauf, wie Festungen, zu erobern gewohnt scheine** (15).

Und der Vater, bei seinem Vornamen Lorenzo genannt und so des Schutzes seiner Kommandantenwürde entkleidet, stellt nun zähneknirschend fest, als er die dringliche Werbung des Grafen um die Marquise nicht abweisen kann: [...] **Ich muß mich diesem Russen schon zum zweitenmal ergeben!** (20). Im militärischen wie im erotischen Sinne fühlt er sich unterlegen. Er ist **von der Hellhörigkeit der Eifersucht besessen, wenn der Besitz der Tochter auf dem Spiel steht.**[201] Dies erklärt auch seine maßlose Unbeherrschtheit, mit der er sich in der Verstoßungsszene von der schwangeren Marquise trennt.

Einen Gegenpol dazu bildet **die libidinöse Überreaktion des Vaters**[202] in der späteren Versöhnungsszene. Diese erhält schon deshalb ein besonderes Gewicht, weil der Erzähler sie mit unerhört schamloser Offenheit und Ausführlichkeit darstellt, während die Vergewaltigung der Marquise durch den Grafen stillschweigend übergangen wurde. Die Tochter sitzt

> auf des Kommandanten Schoß und liegt still, mit zurückgebeugtem Nacken, die Augen fest geschlossen, in des Vaters Armen [...]; indessen dieser [...] lange, heiße und lechzende Küsse [...] auf ihren Mund drückte: gerade wie ein Verliebter! [...] mit über sie gebeugtem Antlitz saß er, wie über das Mädchen seiner ersten Liebe, und legte ihr den Mund zurecht, und küßte sie.

Und immer wieder ist er **mit Fingern und Lippen in unsäglicher Lust über den Mund seiner Tochter beschäftigt** und am Ende gehen **beide [...] wie Brautleute [...] zur Abendtafel** (44). Die inzestuöse Brisanz dieses Vorgangs wird noch dadurch gesteigert, dass der Erzähler ihn aus der voyeuristischen Perspektive der Mutter schildert, die ebenfalls **die Lust der himmelfrohen Versöhnung** (44) genießt.

Peter Dettmering kommentiert: **Fast ist es ein Liebesakt, dem der Leser durch das Schlüsselloch beiwohnt, aber ein Liebesakt, der nicht genitaler, sondern prägenital-oraler Natur ist.**[203] Auch Joachim Pfeiffer weist auf die **auffällige Dominanz des Oralen**[204] in dieser Szene hin. Aus der Sicht des Vaters könnte man sagen, dass seine zuvor arg ramponierte Vorrangstellung, wenn schon nicht militärisch, so doch wenigstens bezüglich seines libidinösen Besitzanspruchs auf die Tochter wiederhergestellt wäre, zumal er ja anschließend mit dem Einverständnis der Marquise dem Grafen einen Heiratskontrakt aufnötigt, in dem dieser auf alle ehelichen Rechte verzichten muss. Es wurde aber schon darauf hingewiesen, dass der vor Rührung vergehende Obrist hier in deutlich ironischer Absicht als Karikatur gezeichnet ist. Hinzu kommt, dass der experimentierfreudige Erzähler in das freie Spiel seiner Fantasie auch parodistische Elemente einbezieht, insbesondere im Blick auf die bei vielen Zeitgenossen beliebte Gattung des Rührstücks. Namentlich Ifflands Trauerspiel ALBERT VON THURNEISEN (1781) scheint ihm, wie Michael Moering herausgearbeitet hat, als Folie gedient zu haben.[205] Dem ungebrochen melodramatischen Ernst Ifflands setzt KLEIST mit seiner ironisch-lustspielhaften Variante eine provokante Parodie entgegen.

Die psychologisch interessanteste Frage dieser Erzählung ist sicherlich, ob und in welchem Maße der Marquise bewusst ist, dass der Graf es war, von dem sie das Kind empfangen hat. Der Erzähler lässt den Leser kaum in ihr Inneres schauen, man ist auf äußere Anhaltspunkte angewiesen. Auch in der Versöhnungsszene ist ja nicht von ihren Gefühlen die Rede. Bei einer Interpretation ihrer seelischen Regungen ist Behutsamkeit geboten, wenn man nicht ins Spekulative abgleiten will.

Auf jeden Fall wehrt sich die Marquise so lange wie irgend möglich gegen die Erkenntnis der Täterschaft des Grafen. Als sie seine vermeintlich letzten Worte **Julietta! diese Kugel rächt dich!** erfährt, bedauert sie noch in einer den Leser schon ein wenig naiv anmutenden Weise die unglückliche **Namensschwester, an die er noch im Tode gedacht hatte** (8). Sie selbst hat freilich zu diesem Zeitpunkt noch keine Schwangerschaftssymptome an sich bemerkt. Später, als die Obristin in der Familiendiskussion um den ungestümen Heiratsantrag des Grafen dessen Partei ergreift mit den Worten, deren Doppelsinn ihr selbst nicht klar ist, scheint die Umworbene doch etwas von der Wahrheit zu ahnen: Die Mutter meint, dass **bei so vielen vortrefflichen Eigenschaften, die er in jener Nacht, da das Fort von den Russen erstürmt ward, entwickelte, kaum zu fürchten sei, daß sein übriger Lebenswandel ihnen nicht entsprechen sollte.** Die Marquise sagt nichts, sondern **sah, mit dem Ausdruck der lebhaftesten Unruhe, vor sich nieder** (19). Spätestens hier setzt bei der in ihrem tiefsten Inneren erschütterten Marquise ein sich steigernder Verdrängungsprozess ein. Dessen vorläufiger Höhepunkt ist die Ohnmacht, mit der sie auf die Bestätigung der Schwangerschaft durch Arzt und Hebamme reagiert (vgl. 26). Im Folgenden flüchtet sie immer wieder aus der sie bedrängenden unerklärlichen Wirklichkeit ins Irrationale. Sie will von der Geburtshelferin wissen, **ob die Möglichkeit einer unwissentlichen Empfängnis sei? [...], ob diese Erscheinung im Reiche der Natur sei?** Doch die mit beiden Beinen auf dem Boden der Realität stehende Hebamme erwidert trocken, **daß dies, außer der heiligen Jungfrau, noch keinem Weibe auf Erden zugestoßen sei** (27).

Ein religiös verbrämtes Ausweichen vor den unwiderlegbaren Tatsachen ist auch die Mutmaßung der Marquise über den **Ursprung** ihres Kindes, der, **eben weil er geheimnisvoller war, auch göttlicher zu sein schien** (30). Als der Graf sie schließlich in ihrer Gartenlaube überrascht – man kann in diesem unerlaubten Eindringen eine Analogie zur Vergewaltigung am Anfang der Novelle sehen –, spricht sie ihren Verdrängungswillen expressis verbis aus: Ich *will nichts* wissen (33). Die entscheidenden Worte sind im Text durch Kursivdruck hervorgehoben. Unterstrichen wird ihre Abwehrhaltung durch die Heftigkeit, mit der sie den Grafen zurückstößt. Sie entflieht in ihr Haus, d. h. auch, sie flüchtet vor der Wahrheit, die der Graf zuvor in unmissverständlichen Andeutungen offen zu legen versuchte. Dieses

Ich *will nichts* wissen ist vom Erzähler in direkten Kontrast gesetzt zur vorangegangenen Erklärung des Grafen, er sei von ihrer Unschuld **so überzeugt** als ob er **allwissend wäre** (33). Ihre Neigung zu religiöser Verbrämung behält die Marquise sogar noch nach dem faktischen Geständnis des Grafen bei, indem sie ihn noch im Schlusssatz der Novelle mit **Teufel** bzw. **Engel** apostrophiert.

In ihrer an Selbstbetrug grenzenden psychischen Abwehrhaltung ist die Marquise hauptsächlich bemüht, alles Erotische hinwegzuzensieren.[206] Josef Kunz argumentiert mithilfe einer **Psychologie des Unbewußten** und fragt: **Kennt die Marquise wirklich nicht den Vater ihres Kindes?**[207] Seine Antwort lautet: **Sie weiß es und weiß es nicht.**[208] Und erläuternd fährt Kunz fort: **Im Unbewußten weiß sie es, aber das Bewußtsein weigert sich, dieses Wissen aufzunehmen und es zu vollziehen.**[209] Heinz Politzer beschreibt den **Krieg in der Seele der Marquise**[210] in der Terminologie Sigmund Freuds und **erklärt deren Zwiespalt damit, daß ihr ›Ich‹ von ihrem Über-Ich und ihrem Es gleichermaßen in die Zange**[211] genommen worden sei. Das ›Es‹ meint den Triebbereich eines Menschen, das ›Ich‹ steht für den bewussten, sich selbst bestimmenden Teil der Persönlichkeit, das ›Über-Ich‹ macht die von außen, etwa durch Erziehung und gesellschaftliche Normen, an das ›Ich‹ herangetragenen Forderungen geltend.[212] In diesem Sinne wird in Kleists Erzählung das ›Über-Ich‹ in erster Linie von den Eltern, besonders vom Vater der Marquise, repräsentiert. Daraus ergibt sich eine mögliche tiefenpsychologische Erklärung für die zwar sprachlos passive, aber doch einverstandene Haltung der Protagonistin in der inzestuösen Versöhnungsszene: **Das Über-Ich der Marquise gewährt ihr in den Armen des Vaters, was es ihr in der Umarmung des Mannes untersagt hatte: Hingabe, Bewußtsein und Genuß. Hier hat Kleist seine Marquise als Frau erkannt und dargestellt.**[213]

Dieser Deutungsansatz vermag auch die innere Einstellung der Marquise nach dem Tod ihres ersten Mannes zu beleuchten. Der Erzähler lässt den patriarchalischen Kommandanten für seine Tochter dem werbenden Grafen sagen, sie habe sich **entschlossen, in keine zweite Vermählung einzugehen** (11). Nach Politzers Auffassung zeigt sich an dieser Stelle, dass die junge Witwe **immer noch an die Figur des Vaters gebunden** sei, in dessen Haus sie ja wieder wohnt: **Ihr Über-Ich weist jeden Gedanken an die Pflichten zurück, die sie in einer neuen Ehe zu erfüllen hätte, während ihr Es nach eben diesen Pflichten giert, die dann ihr Anspruch und ihr Recht wären. Der Konflikt treibt sie an den Rand des Wahnsinns.**[214]

Es bleibt festzuhalten, dass der Erzähler im Text bewusst jede Eindeutigkeit vermeidet. Vorschnell und falsch wäre es, ein Epigramm Kleists für bare Münze zu nehmen:

DIE MARQUISE VON O …
DIESER Roman ist nicht für dich, meine Tochter. In Ohnmacht!
Schamlose Posse! Sie hielt, weiß ich, die Augen bloß zu. (I, 22)

Hier spricht nicht der Autor (der Novelle und des Epigramms), sondern er zitiert gleichsam mit scharfer Ironie jene plump-lüsternen Kritiker(innen), die nicht glauben wollen, dass die Marquise ohne bewusste Teilnahme in ein solch paradoxes Missgeschick geraten sein könnte.

6 Erzählkunst

6.1 Zeitgerüst und komödienhafte Elemente

Wolfgang Kayser hat darauf hingewiesen, dass **die zeitliche Ausdehnung der Geschichten** KLEISTS **meist gering** ist. Das Geschehen in der MARQUISE VON O… laufe **innerhalb weniger Tage**[215] ab. In diesem Falle irrt Kayser. Die erzählte Zeit erstreckt sich über mehrere Jahre. Die mit der Witwenschaft der Marquise beginnende Vorgeschichte bis zur Erzählgegenwart der Zeitungsanzeige am Novellenanfang umfasst ungefähr drei Jahre. Nach der ersten, nur formellen Hochzeit muss der Graf zunächst **mehrere Monate** warten, bis er nach der **erfolgten Entbindung** zur Taufe seines Sohnes eingeladen wird, und erst nach Verstreichen eines weiteren Jahres erhält er ein **zweites Jawort** (49). Und ganz am Schluss erst, nach dem Ausblick auf eine **Reihe von jungen Russen**, denen die Gräfin noch das Leben schenkt, gibt die Protagonistin ihre (mit **einst** zeitlich nicht genau fixierte) Erklärung, weshalb der Graf ihr **an jenem fürchterlichen Dritten […] wie ein Teufel erschienen** (50) war.

Dennoch kann beim Leser der Eindruck entstehen, dass die Handlung in kurzer Zeit vor ihm abrollt. Das liegt einerseits an der dicht gedrängten Erzählweise, wobei weniger bedeutende Zeitabschnitte durch mehrere Raffungen überbrückt werden. Rilke bestaunte deshalb **diese atemlos herunter- und hinauferzählte** MARQUISE VON O … als **ein Meisterwerk.**[216] Zum anderen sind aus dem komprimierten Erzählerbericht, der meist in indirekter Rede gehalten ist, mehrere ausführlich dargestellte Szenen herausgehoben, die der Novelle ihr markantes Profil geben. Die wichtigsten dieser Szenen sind die Werbung des Grafen nach seiner ersten Rückkehr ins Kommandantenhaus, der **Auftritt** (25) des Arztes und der Hebamme sowie die zur Verstoßung führenden Familiendialoge, dann die zweite Werbung und Zurückweisung des Grafen in der Gartenlaubenszene, die Versöhnung der Marquise zunächst mit der Mutter auf dem Landsitz, danach mit dem Vater im Stadthaus und als Höhepunkt die Ereignisse am ›gefürchteten Dritten‹, die die fast hysterische Marquise mit der exorzistischen Geste des Weihwassersprengens beendet. Hier ist sogar ausdrücklich die Rede von den *Rollen,* die der Vater und der Bruder dabei zu *spielen* haben würden (45; Hervorhebung von mir; H. K.). Diese szenische Struktur vermittelt dem Leser tatsächlich die Wirkung, als ob das Geschehen wie auf einer Bühne in rascher Folge vor ihm ablaufe.

DIE MARQUISE VON O…, mit ihren bereits erwähnten parodistischen

Bezügen auf das zeitgenössische Rührstück, ist eine Komödie in Prosa. Zahlreiche Details unterstreichen dies; beispielsweise jene Passage, in der ein Kammerdiener den totgesagten Grafen anmeldet. Er steht schon im Vorzimmer und tritt dann, **schön, wie ein junger Gott, ein wenig bleich im Gesicht** ein. Nachdem die *Szene* unbegreiflicher Verwunderung vorüber war, und der Graf, auf die Anschuldigung der Eltern, daß er ja tot sei, versichert hatte, daß er lebe; wandte er sich, mit vieler Rührung im Gesicht, zur Tochter [...] (10; Hervorhebung von mir; H. K.). Die Szene am ›gefürchteten Dritten‹ wird durch einen effektvollen **Theatercoup** eingeleitet, **der aus einem gutgebauten Lustspiel stammen könnte.**[217] Mutter und Tochter sitzen **festlich, wie zur Verlobung angekleidet, im Besuchzimmer** und erwarten voller Spannung den Unbekannten. **Der elfte Glockenschlag summte noch, als Leopardo, der Jäger, eintrat, den der Vater aus Tirol verschrieben hatte. Die Weiber erblaßten bei diesem Anblick** (45 f.). Kurz zuvor hatte die Obristin diesen in ihrer List als vermeintlichen Täter hingestellt und dann auf der triumphalen Rückfahrt ins Stadthaus erleichtert über **seinen breiten Rücken** (41) gescherzt. Nun müssen die beiden Frauen einen Augenblick lang glauben, dass er tatsächlich der Gesuchte sei. Doch im nächsten Moment erweist Leopardo sich nur als Vorbote: **Der Graf F...,** sprach er, **ist vorgefahren und läßt sich anmelden. Der Graf F...! riefen beide zugleich, von einer Art der Bestürzung in die andere geworfen** (46).

Michael Moering hat ferner beobachtet, dass die **Komik verschiedener Szenen der Novelle** darin liegt, **daß keine der beteiligten Personen freiwillig handelt, sondern von den durch eine Tat in Gang gebrachten Ereignissen zu bestimmten Handlungen gezwungen wird.**[218] Manche Stellen in der Erzählung lesen sich wie Szenenanweisungen oder Regiebemerkungen[219] für ein Bühnenstück. So etwa bei der Konsultation des Arztes: Als sich die Marquise von dem Mediziner brüskiert fühlt, zieht sie die Klingel und fordert ihn auf, **sich zu entfernen** [...]. **Der Doctor erwiderte, daß er ihr die letzten Gründe der Dinge nicht werde zu erklären brauchen,** [...] und *ging ab* (22; Hervorhebung von mir; H. K.). Nach einigen Diskussionen zieht dann die Obristin ihrerseits **die Klingel, und schickte augenblicklich einen ihrer Leute, der die Hebamme rufe** (26). Diese erscheint dann auch gleich darauf. Nach der Versöhnung zwischen Mutter und Tochter fahren die beiden Frauen, in **der Vorahndung entscheidender** *Auftritte* (41; Hervorhebung von mir; H. K.) ins Stadthaus zurück. Und das Nahen des versöhnungsbereiten Vaters wird wie in einer Theateraufführung angekündigt: [...] **die Mutter erwiderte: Beruhige dich – denn eben hörte sie jemand von weitem heranschluchzen: er kömmt schon!** (42). Diese Beispiele ließen sich beliebig vermehren. Auch die zahlreichen detailliert beschriebenen Posen der Handlungspersonen (man denke etwa an die beiden rührselig voreinander knienden Frauen auf dem Landsitz der Marquise; vgl. 40) sowie ihre mitunter sehr theatralischen Gesten sind in diesem Zusammenhang zu erwähnen, – und nicht zuletzt das lustspielhafte Happyend.

6.2 Das Prinzip der ironischen Doppeldeutigkeit

Die zeitgenössische Leserin Dora Stock äußerte sich im April 1808 empört über KLEIST: **Seine Geschichte der Marquisin von O. kann kein Frauenzimmer ohne Erröten lesen. Wozu soll dieser Ton führen?**[220] Sie mag dabei hauptsächlich an die skandalösen Vorgänge gedacht haben, die KLEIST schildert: **Unerhört** nicht nur im Sinne von ›neu‹ gemäß der GOETHE'schen Novellendefinition sind die erzählten Ereignisse tatsächlich: die Vergewaltigung einer ohnmächtigen Frau, das Publikmachen der **Schande** und das Eheversprechen an einen Unbekannten, die von der Mutter begrüßte inzestuöse Szene zwischen Vater und Tochter und eigentlich auch der Eheschluss zwischen Opfer und Täter. Aber die Leserin hat sich auch am **Ton** der Novelle gestört. Sie hat bemerkt, dass der Erzähler ein geradezu hinterlistiges Spiel treibt. Er hat sich die ›Sprachmaske‹ der vornehmen Kreise, in denen das Geschehen abläuft, angelegt und imitiert scheinbar naiv deren konventionellen Redestil in einer Weise, dass die verblümten Wendungen die doppelbödige Moral dieser Gesellschaftsschicht unverblümt offenbaren. Er richtet es so ein, **daß die verhüllenden Umschreibungen das ›Unaussprechliche‹ nur um so unübersehbarer enthüllen.**[221] Der Graf ergeht sich in eindeutiger Zweideutigkeit und kommt die ganze Novelle hindurch nicht dazu, sein Vergehen klar auszusprechen: wegen innerer Hemmungen und vor allem auch, weil speziell die Marquise nichts wissen und wahrhaben will. Sie umschreibt die ersten Schwangerschaftssymptome vornehm mit Unpässlichkeit und sagt zum Grafen, **sie fürchte inzwischen nicht, daß diese weiter von Folgen sein würde. Worauf er, mit einer aufflammenden Freude, erwiderte: er auch nicht! und hinzusetzte, ob sie ihn heiraten wolle?** (10). Sie weiß noch nicht, dass er mindestens so viel Grund hat wie sie selbst, ihre Schwangerschaft zu fürchten. Die Eltern wählen im ersten Teil der Erzählung unbewusst immer wieder doppelsinnige Formulierungen, wenn sie Person und Verhalten des Grafen preisen. Der Vater meint, der Graf habe durch die Befreiung aus den Fängen der ›gemeinen‹ Soldaten seiner Tochter eine **große Verbindlichkeit auferlegt (11)** – von dieser Verbindlichkeit muss die Marquise **demnächst entbunden werden.**[222] Als der Graf versichert, **daß er für seinen Ruf, wenn anders diese zweideutigste aller Eigenschaften in Erwägung gezogen werden solle, einstehen zu dürfen glaube; daß die einzige nichtswürdige Handlung, die er in seinem Leben begangen hätte, der Welt unbekannt, und er schon im Begriff sei, sie wieder gut zu machen,** erwidert der Kommandant, **indem er ein wenig, ob-**

schon ohne Ironie, lächelte, daß er alle diese Äußerungen unterschreibe (12 f.). Er hat die überdeutliche Anspielung nicht verstanden. Die Ironie des Erzählers ist hier desto größer, da er dem Leser ja indirekt längst die wahren Zusammenhänge verraten hat.

Etliche Male gebraucht der Erzähler gezielt doppeldeutig das Wort **Umstände**. Gleich am Anfang des Textes heißt es, dass die Marquise durch den **Drang** *unabänderlicher Umstände* (3) ihr provokantes Zeitungsinserat aufgibt. Bei seiner ersten Werbung um die Hand der Marquise weist dann der Graf darauf hin, **daß er,** *durch die Umstände gezwungen,* **sich sehr kurz fassen müsse** (10 f.). Unmittelbar danach, als die Familie sich eine wohlwollende Bedenkzeit ausbittet, macht er noch einmal mit aller Dringlichkeit darauf aufmerksam, **daß diese gütige Erklärung zwar alle seine Hoffnungen befriedige; daß sie ihn,** *unter anderen Umständen,* **auch völlig beglücken würde;** [...] **daß dringende Verhältnisse jedoch, über welche er sich näher auszulassen nicht im Stande sei, ihm eine bestimmtere Erklärung äußerst wünschenswert machten** (11 f.). Nachdem die Marquise sich vor seiner Abreise zwar zu einer Ehe geneigt zeigt, **da seine Wünsche so lebhaft** [ebenfalls doppeldeutig!] **scheinen** (19), ihre endgültige Zusage aber noch von Erkundigungen über ihn abhängig macht, erinnert er sie in einem Brief aus Neapel nachdrücklich daran. Er fordert sie auf, **es möchten** *fremde Umstände* **eintreten, welche da wollten, ihrer, ihm gegebenen, stillschweigenden Erklärung getreu zu bleiben** (30). Und in der Gartenlaubenszene, als die Marquise nichts wissen will und ihm davonläuft, muss er ein weiteres Mal darüber nachdenken, **was unter** *solchen Umständen* **zu tun sei** (33; alle Hervorhebungen von mir; H. K.). Anhand mehrerer anderer Beispiele, wie **eine Eroberung machen** oder **im Sturm nehmen**[223], die allesamt dem Sprachschatz der vornehmen Kreise entstammen, hat Michael Moering dargelegt, dass das **frivole Spiel mit der Vieldeutigkeit** eines Ausdrucks **zu den auffälligsten und amüsantesten Merkmalen von Ironie in dieser Novelle**[224] gehören.

Am Schluss der Gartenlaubenszene findet sich eine Stelle, in der der Erzähler gleichsam einen dezenten Kommentar zu seiner Strategie der ironischen Mehrdeutigkeit gibt, indem er den Leser indirekt dazu bringt, eine vage Ausdrucksweise des Textes zu präzisieren und zu konkretisieren. Nachdem die Marquise ihn unverrichteter Dinge hat stehen lassen, heißt es vom Grafen: [...] **so schwer es ihm auch in jedem Sinne war, umzukehren** (33). Dem darüber nachdenkenden Leser wird klar, dass der Graf sich zwar, nach dem verhinderten Geständnis, aus dem Garten der Marquise wieder hinausschleichen kann, dass er aber ihre Schwangerschaft ›unter keinen Umständen‹ wieder rückgängig zu machen vermag. Auch die Formulierung vom fehlgeschlagenen **Versuch, sich an ihrem Busen zu erklären** (33), ist nicht zufällig gewählt. Sie nimmt direkt Bezug auf die zuvor geschilderte Situation, als der beichtwillige Graf der Marquise **einen glühenden Kuß auf ihre Brust drückte** (32 f.) und dann von ihr zurückgestoßen wurde. Gelegentlich entsteht ein ironischer Effekt auch durch das kontrastive Aneinanderfügen widersprüchlicher Erzählermitteilungen. So, wenn ziemlich zu Beginn der Novelle, nach dem Umzug der Kommandantenfamilie in ein Stadthaus, gesagt wird: **Alles kehrte nun in die alte Ordnung der Dinge zurück.** Unmittelbar anschließend ist hingegen die Rede davon, dass die Marquise, **sonst die Göttin der Gesundheit selbst**, sich **von wiederholten Unpäßlichkeiten befallen fühlte** (9). Die Schwangerschaft bringt die vorherige Ordnung in der Familie noch viel gründlicher durcheinander als die Erstürmung der Zitadelle.

6.3 Sprachlosigkeit und Gebärdensprache

Die Doppelbödigkeit der Moral der oberen Gesellschaftsschicht in der MARQUISE VON O… besteht in erster Linie darin, dass ein Skandal erst dadurch richtig Anstoß erregt, dass er offenkundig wird. Ein Ärgernis ist kein Ärgernis, solange es geheim gehalten werden kann. Öffentliche Bekanntmachung aber gilt als Tabuverletzung. Der Erzähler spielt mit dem berühmten Gedankenstrich für die Vergewaltigungsszene auf diese gesellschaftliche Tendenz an, das ›Unaussprechliche‹ zu verschweigen oder zu umschreiben (vgl. 5). Das Nicht-Aussprechen deutet bei den Personen der Handlung zugleich auf innere Unsicherheit oder Überforderung hin. Die **schändlichsten Mißhandlungen** (4 f.) durch die feindlichen Scharfschützen machen die Marquise **sprachlos** (5). Als der totgeglaubte Graf die Familie G… aufsucht, sind ebenfalls **alle sprachlos** (10). Die Mutter glaubt nicht, dass ein reines Bewusstsein und eine Hebamme sich miteinander vereinbaren lassen: **Und die Sprache ging ihr aus** (24). Später, bei der Lektüre der anonymen Antwortannonce des Grafen in einem Intelligenzblatt **verging ihr die Sprache** (36). Auch als der Graf am ›gefürchteten Dritten‹ erscheint, **ging ihr die Sprache aus** (46). Über den reue- und rührungsvoll heulenden Kommandanten sagt die Obristin zu Beginn der Versöhnungsszene: […] **er kann nur nicht sprechen!** (43). Wenn die Marquise kurz danach in seinen Armen liegt, heißt es nur lapidar: **Die Tochter sprach nicht, er sprach nicht** (44).

Die Unfähigkeit zu sprechen lässt auf tiefe Verwirrung, übermächtige innere Konflikte, zu starke seelische Bewegtheit schließen. In ihrer Zuspitzung steigert sich die Sprachlosigkeit zu Bewusstlosigkeit, zu Ohnmacht. Aber das **Hinuntertauchen unter den Spiegel von Sprache und Bewußtsein, mit dem Kleists Figuren der andringenden Wirklichkeit ausweichen,** […] **gewährt ihnen nur fragwürdigen Halt.**[225] Es ist bezeichnend, dass die

Marquise, nachdem sie durch die unsittlichen Berührungen der Soldaten ›nur‹ sprachlos geworden war, dann beim Anblick des rettenden Grafen, der ihr wie ein Engel vorkommt, **völlig bewußtlos** (5) niedersinkt. Erst dadurch erhält dieser die Gelegenheit, sie zu missbrauchen. Tiefenpsychologisch könnte man das in dem Sinne auslegen, dass sie nicht wissen will, was sie will. Ein zweites Mal fällt die Marquise in Ohnmacht auf die Bemerkung der Hebamme hin, **daß sich der muntere Korsar, der zur Nachtzeit gelandet, schon finden würde** (26). Möglicherweise ist ihr in diesem Augenblick die ganze Wahrheit zu Bewusstsein gekommen und sie kann sich deshalb nur in die Bewusstlosigkeit flüchten. Indem sie sich auf diese Weise vorübergehend vor ihrem Wissen und Gewissen der Verantwortung entzieht, kann sie die unerwünschte Erkenntnis in eine tiefer gelegene Bewusstseinsschicht verdrängen. Max Kommerells Deutung, dass in den für KLEIST typischen **Ohnmachten** [...] **die Seele zu ihrem Urgrund zurücktaucht**[226], hat in diesem Fall nur eingeschränkte Gültigkeit. Eher zutreffend ist wohl Müller-Seidels Erklärung der Bewusstlosigkeit als **vieldeutige Metapher des Unbewußten bei Kleist.**[227] Denn vor aller Eindeutigkeit will sich die Marquise ja gerade verschließen.

Bisweilen kann auch durch die Sprache selbst verhindert werden, dass das Unaussprechliche ausgesprochen wird. Charakteristisch dafür ist die Szene des Abendessens, bei dem die Familie hofft, den heiratswilligen Grafen von einer unbesonnenen Vernachlässigung seiner dienstlichen Obliegenheiten abbringen zu können: **Man erwartete nur, nach den ersten Höflichkeitsbezeugungen, daß dieser Gegenstand zur Sprache kommen würde, um ihn mit vereinter Kraft zu bestürmen, den Schritt** [...] **wieder zurückzunehmen. Doch vergebens** [...]. **Geflissentlich alles, was darauf führen konnte, vermeidend, unterhielt er den Kommandanten vom Kriege, und den Forstmeister von der Jagd** (17). Der Graf macht sich die Konversationsgepflogenheiten seiner Gesellschaftsschicht zunutze um sprechend zu verschweigen, was ihm unangenehm ist. Die Familie kann ihn nicht zum Reden bringen.

Der Erzähler gewährt dem Leser nur selten Einblick in das Innere seiner Figuren. Umso öfter aber gibt er ihm Auskunft über deren äußere Mimik und Gestik. In keiner anderen deutschsprachigen Prosa finden sich so zahlreiche und manchmal überdeutliche Hinweise auf Erröten oder Erblassen, auf erhitzte oder erbleichte Gesichter, auf in den Kopf steigendes oder aus den Lippen weichendes Blut. Seelische Verfassung oder Gefühlsregungen, die durch Worte nicht ausgedrückt werden können oder sollen, tun sich durch solche unkontrollierbaren äußeren Zeichen und Veränderungen kund. Überraschung, Verlegenheit, Scham, Zorn oder Freude spiegeln sich auf diese Weise in den Gesichtern der Personen wider, die eine Gesellschaft repräsentieren, in der man das Entscheidende verschweigt oder daran vorbeiredet. Der Erzähler scheint mit der fast penetranten Erwähnung der wechselnden Gesichtsfarbe seiner Akteure geradezu genussvoll zu verraten, was diese gerne verbergen würden. Mimik und Gestik unterlaufen die Verhüllungsabsicht gewollter (oder erzwungener) Sprachlosigkeit.

Mitunter kann durch die von zwei verschiedenen Personen vorgenommene gleiche Geste unterschwellig ein Bezug zwischen diesen beiden hergestellt werden, der direkt gar nicht ausgesprochen wird. Als der Bruder der Marquise den Grafen von ihrer Zeitungsannonce unterrichtet hat, heißt es: **Der Graf schlug sich mit der Hand vor die Stirn. Warum legte man mir so viele Hindernisse in den Weg! rief er in der Vergessenheit seiner** (31). Ganz ähnlich reagiert die Marquise auf die listige Behauptung der Mutter, dass Leopardo der Täter sei. **Leopardo, der Jäger! rief die Marquise, und drückte ihre Hand, mit dem Ausdruck der Verzweiflung, vor die Stirn** (39 f.). In der Analogie der Gestik bringt der Erzähler die Parallelführung der Schicksale der beiden Personen zum Ausdruck, die er von da an zielstrebig zusammenführen wird.

6.4 Erzählperspektive und Tempus

Die Tätigkeit und Einflussnahme des Erzählers werden außer in den ironischen und doppeldeutigen Formulierungen auch spürbar in der Gewichtung einzelner Handlungsteile, ebenso im Selektieren und Arrangieren des Geschehens. Unwesentliche Zeitspannen werden durch Raffungen überbrückt, bedeutende Ereignisse ausführlich dargestellt. Innerhalb dieser besonders gewichteten Erzählabschnitte findet wiederum eine Abstufung statt, indem die meist in indirekter Rede dargebotenen Gesprächsszenen mehrmals in die Dialogform übergehen. Dabei verstärkt sich dann die Wirkung, die an Szenen in einem Bühnenstück denken lässt. Wörtliche Rede verwendet der Erzähler gelegentlich bei den Familiendiskussionen, öfter bei den Gesprächen zwischen Graf und Marquise (etwa in der Gartenlaubenszene), ebenso bei dem listenreichen Versuch der Obristin, Leopardo als Täter auszugeben sowie bei der anschließenden Aussöhnung zwischen Mutter und Tochter. Und vor allem auch der Höhepunkt der ganzen Novelle, der Auftritt des Grafen im Kommandantenhaus am ›gefürchteten Dritten‹, ist in direkter Rede wiedergegeben.

Lange Passagen, speziell die in indirekter Rede, sind in einem scheinbar unbeteiligten Berichtsstil gehalten, in einem rasch vorwärts drängenden, bisweilen dramatischen Tempo. Diese Erzählweise entspricht **der unerbittlichen Tatsächlichkeit und [...] der Rasanz der Ereignisse**.[228] An zwei unmittelbar aufeinander folgenden Stellen erinnert der Erzähler ausdrücklich an seine Tätigkeit, und zwar am Ende des ersten Teils und zu Beginn des

zweiten. Am Schluss der Vorgeschichte knüpft er wieder an die Erzählgegenwart des Novellenanfangs an, indem er die sonderbare Zeitungsannonce erwähnt, **die man am Eingang dieser Erzählung gelesen hat** (30).
Und wenige Sätze weiter unterrichtet der Forstmeister dann den aus Neapel zurückgekehrten Grafen **von der Schande, die die Marquise über die
Familie gebracht hatte, und gab ihm die Geschichtserzählung dessen, was
unsere Leser soeben erfahren haben** (31). Dadurch wird auch auf formale
Weise die inhaltliche Zäsur zwischen den beiden Hauptabschnitten der
Handlung betont.

Ansonsten hält sich der Erzähler mit Kommentaren und Wertungen
sehr zurück. Er gibt keinerlei übergreifende Sinndeutungen. Gelegentlich
wählt er sogar bewusst irreführend die subjektive und situationsbedingte
Perspektive einer Figur und lässt dabei den Gesamtzusammenhang außer
Acht. Beispielsweise bei den Überlegungen der Marquise über den mutmaßlichen Vater ihres Kindes: **Immer noch sträubte sie sich, mit dem
Menschen, der sie so hintergangen hatte, in irgend ein Verhältnis zu treten: indem sie** *sehr richtig* **schloß, daß derselbe doch, ohne alle Rettung,
zum Auswurf seiner Gattung gehören müsse** […] (30; Hervorhebung von
mir; H. K.). Diese momentane Einschätzung wird ja später von der Protagonistin erheblich revidiert. Durch eine derartige Verengung der Perspektive wird die Distanz des Lesers zu den geschilderten Vorgängen verringert.

Der gleiche Effekt der Nähe zum Geschehen wird erzielt durch das Erzähltempus. Die Novelle beginnt im Präteritum mit der Lokalisierung der
Handlung und Erwähnung des Neugier weckenden Inserats. In der anschließenden aufbauenden Rückwendung[229], die die Vorgeschichte nach-
trägt, wird nur noch wenige Sätze lang das Plusquamperfekt beibehalten.
Schon bei dem summarischen Bericht über die Eroberung der Zitadelle
wird wieder ins Präteritum übergewechselt, sodass der Leser von da an die
Ereignisse unmittelbar mitzuerleben meint. Auf dem Höhepunkt der Erzählung heißt es sogar grammatikalisch unlogisch: […] *morgen* war der
gefürchtete Dritte (44; Hervorhebung von mir; H. K.). Dies ist ein besonders markantes Beispiel für das von Käte Hamburger definierte ›epische
Präteritum‹. **Es bezeichnet anders als das historische Präteritum des Wirk-
lichkeitsberichts keine reale, historische Vergangenheit, sondern fiktive
Gegenwärtigkeit, eine Präsenz des erzählten Geschehens in unserer Ein-
bildungskraft.**[230] Das epische Präteritum ist ein spezifisches Merkmal fiktionaler Prosa. Der Leser ›stolpert‹ nicht über den grammatikalischen ›Fehler‹, weil ihm der Vergangenheitscharakter des Präteritums gar nicht mehr
bewusst ist. Er ›realisiert‹ vielmehr das Erzählte als etwas Gegenwärtiges,
das er gleichsam als Zeuge direkt mitverfolgt.

6.5   Das Symbol des Schwans

Eine bedeutsame Erzählung in der Erzählung ist die Schilderung des Grafen von seiner Fiebervision. An der Abendtafel wird er von der Familie nach den Einzelheiten seiner schweren Verwundung gefragt, deretwegen man ihn für tot gehalten hatte:

> Hierauf erzählte er mehrere, durch seine Leidenschaft zur Marquise interessanten, Züge: wie sie beständig, während seiner Krankheit, an seinem Bette gesessen hätte; wie er die Vorstellung von ihr, in der Hitze des Wundfiebers, immer mit der Vorstellung eines Schwans verwechselt hätte, den er, als Knabe, auf seines Onkels Gütern gesehen; daß ihm besonders eine Erinnerung rührend gewesen wäre, da er diesen Schwan einst mit Kot beworfen, worauf dieser still untergetaucht, und rein aus der Flut wieder emporgekommen sei; daß sie immer auf feurigen Fluten umhergeschwommen wäre, und er Thinka gerufen hätte, welches der Name jenes Schwans gewesen, daß er aber nicht im Stande gewesen wäre, sie an sich zu locken, indem sie ihre Freude gehabt hätte, bloß am Rudern und In-die-Brust-sich-werfen; versicherte plötzlich, blutrot im Gesicht, daß er sie außerordentlich liebe [...]. (17 f.)

Diese **rührende Krankengeschichte**[231] des Grafen ist ein verschlüsseltes Geständnis, das die Zuhörer nicht entschlüsseln können (oder wollen). Wenn der Graf, **in der Hitze des Wundfiebers,** die **Vorstellung** von der Marquise mit der Vorstellung jenes Schwans verwechselt, so läuft dies auf der Ebene der Novelle auf eine Gleichstellung dieser beiden hinaus. Daraus ergibt sich ein symbolischer Verweisungscharakter dieser Episode im Hinblick auf den ganzen Text. Auch sprachlich werden der Schwan und die Marquise durch den Wechsel der Pronomen zueinander in Beziehung gesetzt. Der Graf spricht von *dem* Schwan, *den* er mit Kot beworfen und *der* immer rein wieder aufgetaucht sei, und fährt dann fort, **daß** *sie* **immer auf feurigen Fluten umhergeschwommen wäre.** Auch der Name des Schwans hat symbolische Bedeutung: Thinka ist die Abkürzung von Kathinka, der Koseform des russischen Jekaterina = Katharina = die Reine.[232]

In der Imaginationskraft seiner Fieberfantasie greift der Graf einerseits Vergangenes auf: Das Beschmutzen des Schwans entspricht der Schändung der Marquise. Andererseits projiziert er in die Reaktion des Schwans ein mögliches künftiges Verhalten der Marquise. Dabei schwingt sowohl die Befürchtung mit, **daß er** [...] **nicht im Stande** [...] **wäre, sie an sich zu locken,** als auch die Empfehlung bzw. Bitte, dass die geliebte Frau ihren Selbstzweifeln und ihrer Verzweiflung nicht unterliegen möge. Peter Horn sieht darin ein utopisches **Überspringen**[233] der Realität: **Das Traumbild bleibt Traumbild, in der Erzählung nie verwirklichte Möglichkeit.**[234] Dem kann man entgegenhalten, dass in der späteren Selbstfindung der Marquise doch durchaus eine Entsprechung vorliegt, zumal dies in der bildhaften Ausdrucksweise mit anklingt: **Durch diese schöne Anstrengung mit sich selbst bekannt gemacht, hob sie sich plötzlich, wie an ihrer eigenen Hand, aus der ganzen Tiefe, in welche das Schicksal sie herabgestürzt hatte, empor** (29). Tiefenpsychologisch könnte man das **In-die-Brust-sich-werfen** als verdeckten Vorwurf vonseiten des Grafen auffassen, der **auf das nicht ganz Angemessene ihres Betragens** zielt: Die Marquise hat sich dem Grafen unbewußt hingegeben und will das, als sie es erkennt, nicht wahrhaben, will ihre ›Schwäche‹ (= Schwäche für ihn) nicht eingestehen.[235] Immerhin hat man ihm am Ende, in mehrdeutigem Sinne, **um der gebrechlichen Einrichtung der Welt willen** (49) verziehen.

7   Die Verfilmung von Eric Rohmer

Dass lange Passagen der MARQUISE VON O... szenisch strukturiert sind, wurde in der obigen Interpretation bereits herausgearbeitet (vgl. S. 91 ff. dieser Arbeit). Der französische Regisseur Eric Rohmer (geb. 1920) konnte sich daher in seiner 1975 entstandenen Verfilmung der Novelle eng an die Vorlage halten. Er empfand sie als ein **echtes Drehbuch, dem er möglichst Wort für Wort zu folgen**[236] versuchte. Die Textbeschaffenheit kam seinen Intentionen insofern entgegen, als **sich der Erzähler jeglicher Andeutung der inneren Vorgänge seiner Helden versagt. Alles ist von außen her beschrieben und mit der gleichen Ungerührtheit betrachtet wie durch das Objektiv einer Kamera.** Desgleichen machte sich Rohmer die Tatsache zunutze, dass

> Kleist uns mit äußerster Präzision, besser als der gewissenhafteste Drehbuchautor, über die Gewohnheiten, Bewegungen, Äußerungen seiner Helden Auskunft gibt. In jedem Augenblick wissen wir, ob eine Figur steht, sitzt oder auf den Knien liegt, ob sie ihren Partner umarmt oder ihm die Hand reicht, [...] ob sie ihn anschaut oder den Blick abwendet.

Rohmer brauchte also in seiner Inszenierung lediglich **diesen Angaben Schritt für Schritt zu folgen.**[237] Die fehlende psychologische Innensicht versuchte Rohmer dadurch filmisch auszudrücken, dass **die Kamera ziemlich weit von den Schauspielern entfernt ist. Es gibt keine Nahaufnahme. Die Personen sieht man, wie in den Gemälden der Epoche, nicht von nahem.**[238] Zeitangaben sind in Form von Zwischentiteln eingefügt: Diese **Inserts spielen genau die Rolle des Erzählers, der den Rücken den Zuschauern zudreht.**[239]

Der Film (mit Edith Clever als Marquise, Bruno Ganz als Graf, Peter Lühr als Kommandant, Edda Seippel als Obristin und Otto Sander als Forstmeister) ist in historischen Kostümen vor entsprechender Kulisse gedreht. Die Ausstattung ist vergleichsweise sparsam: Analog zur Ausführlichkeit der Novellenszenen gibt es zum Teil sehr lange Einstellungen. Die im KLEIST-Text in indirekter Rede wiedergegebenen Passagen wurden in direkte Rede umgeschrieben. Die wichtigste Abweichung von der Vorlage ist die Verschiebung der Schwanenszene an den Schluss. Rohmer meinte, **es wäre sehr interessant, am Ende des Films einen sehr schönen Text von Kleist selbst zu haben.**[240]

Polemisch sprach Hartmut Lange, der die Erzählung in einer Dramenfassung mit dem Titel DIE GRÄFIN VON RATHENOW (1969) aktualisiert hat, über Rohmers Inszenierung von **verfilmter Philologie.**[241] Ebenfalls anspielend auf die Nähe zur Textvorlage erörtert Thomas Bauermeister, wie Rohmer **die ›Geschichte‹ phänomenologisch zu vermitteln sucht.**[242]

Unterrichtshilfen zu
»Das Erdbeben in Chili«

1 Didaktische Aspekte

Das ERDBEBEN IN CHILI ist nach Vorschlag der meisten Richtlinien vornehmlich für die Behandlung in der 10. Klasse vorgesehen. Die vorhandene didaktische Literatur, soweit sie auf diese Fragen eingeht, berücksichtigt aber auch eine unterrichtliche Behandlung in der Sek.-Stufe II. Darauf ist auch die vorliegende Interpretation ausgerichtet. Bei einer Behandlung dieser Novelle in der Sek.-Stufe I (10. Kl.) müssen die Auswahl der zu behandelnden Aspekte und dementsprechend die Unterrichtssequenzen vereinfacht werden. So kann dabei z. B. auf die philosophischen Aspekte des Erdbebens verzichtet werden. Ebenso kann der/die Lehrer/in bei einer Behandlung des Textes in einem Grundkurs der Sek.-Stufe II entsprechend vereinfacht vorgehen. Umgekehrt können einige Aspekte (philosophische und metaphysisch-religiöse Aspekte, Erzählkunst) in einem Leistungskurs noch mehr vertieft werden.

Auch ist darauf zu achten, dass Kleist keine dezidiert antikirchliche Novelle schreiben wollte, was auch im Unterricht zu beachten bleibt. Der hypotaktische Stil Kleists könnte für manche Schüler/innen am Anfang ein wenig problematisch sein. Hier bedarf es einer vorbereitenden Hinführung zum Text.

Folgende literaturdidaktische Gesichtspunkte machen diese Erzählung interessant:
- Die Schüler/innen lernen, dass ein literarischer Text mehrere Bedeutungsebenen haben kann.
- Sie erkennen, wie der Autor auf künstlerische Weise seinen Beitrag zur zeitgenössischen philosophischen Diskussion leistet.
- Zugleich lässt sich die Novelle als Stellungnahme zu der gewaltsamen politischen Umwälzung durch die Französische Revolution verstehen.
- Es bietet sich an, am Beispiel dieses Textes wichtige Probleme wie die Frage nach Gott und der Kirche, nach sozialer und materieller Ungleichheit, Toleranz, Moral und (patriarchalischer) Gewaltanwendung zu erörtern.
- An dieser Novelle lässt sich sehr gut beobachten, wie die spezifische Erzählkunst (Perspektivenwechsel, unterschiedliche Wertungen des Geschehens, einander aufhebende Deutungen im Text, verrätselter Schluss) die inhaltliche Aussage unterstützt und ergänzt.
- Ein Vergleich mit der Verfilmung von Helma Sanders vermag Einblick in die Möglichkeiten und Grenzen dieses Mediums im Umgang mit der literarischen Vorlage zu gewähren.

2 Unterrichtssequenz

Für die häufig übliche Einordnung dieser Ganzschrift in größere Unterrichtsreihen bieten sich mehrere Möglichkeiten an, z. B.: 1. Thematische Reihe: »Der Mensch in einer Katastrophe«: z. B. Balladen (nur S I): Fontane: DIE BRÜCKE

AM TAY, JOHN MAYNARD; Storm: DER SCHIMMELREITER; Hauptmann: BAHN-WÄRTER THIEL. 2. Biografische Reihe (Kleist-Auswahl): MICHAEL KOHLHAAS; DIE MARQUISE VON O...; DAS BETTELWEIB VON LOCARNO; DIE FAMILIE SCHROFFENSTEIN; DER PRINZ VON HOMBURG (nur S II). 3. Gattungsreihe »Novellen des 19. Jahrhunderts«: Goethe: NOVELLE; Kleist: DIE MARQUISE VON O...; Tieck: DER BLINDE ECKBERT; Droste-Hülshoff: DIE JUDENBUCHE (S II).

Stunden	Thema	Didaktische Aspekte (Inhalte/Ziele)
1./2. GK/ LK	Menschliche Einzelschicksale bei großen Katastrophen	Die Schüler/innen sollen, ausgehend von einer Diskussion des aktuellen Beispiels des ›Titanic‹-Films von Cameron, motiviert werden das Schicksal der beiden jungen Liebenden in Kleists Erzählung genauer zu betrachten. Nachdem die Parallelen und Unterschiede zum Film herausgearbeitet sind, sollten die zeitgenössischen Erdbebenschilderungen (Chile und Lissabon) mit den entsprechenden Stellen in der Novelle verglichen werden; zu betonen ist vor allem die besonnene Haltung des historischen Bischofs von Santiago im Gegensatz zum Einschreiten der portugiesischen Inquisition und zu den demagogischen Rachetiraden des Dominikaner-Chorherrn bei Kleist. Ferner gilt es zu erkennen, dass nicht die Naturkatastrophe selbst, sondern das Verhalten der Menschen das eigentliche Thema der Novelle ist.
3. GK/ LK	Der Aufbau der Erzählung	Zunächst ist festzustellen, dass Kleist im ersten Satz mit einem Paukenschlag als Ouvertüre den Leser mit einer Situation konfrontiert, die gleich mehrere **unerhörte Begebenheiten** umfasst und damit gespannte Neugier auf Vorgeschichte und Fortgang der Handlung erzeugt. Sodann soll die dreigliedrige Struktur der Erzählung herausgearbeitet und in Beziehung zu den wechselnden Schauplätzen gebracht werden mit der Erkenntnis, dass sich die Menschen in der Stadt (im ersten und dritten Teil) anders verhalten als auf dem Land (im Mittelteil).

Verwendete Abkürzungen:

GA	= Gruppenarbeit	PRO	= produktionsorientierte Themen- oder Aufgabenstellung
GK	= Grundkurs		
HA	= Hausaufgabe	Ref	= Referat
KRef	= Kurzreferat	SV	= Schülervortrag
LK	= Leistungskurs	UG	= Unterrichtsgespräch

Methodische Realisierung/ Verlauf	Hausaufgabe
1. Gemeinsamkeiten (a) und Unterschiede (b) zum Film ›Titanic‹. Festhalten im Tafelbild: a) Soziale Kluft zwischen den Liebenden; Ablehnung ihrer Liebe durch die Umwelt; Überwindung der äußeren Hindernisse mithilfe der Katastrophe. b) Scheinbare Rettungsmöglichkeit im Mittelteil der Novelle; Tod der Liebenden wird von den Mitmenschen vorsätzlich herbeigeführt (UG). 2. Lektüre und Diskussion der Arbeitsblätter mit den zeitgenössischen Erdbebenschilderungen (s. Mat. 1)*; Vergleich mit Kleists Darstellung (UG). 3. Herausarbeiten, dass die Naturkatastrophe in erster Linie Ausgangspunkt und Anlass für die Beobachtung menschlichen Verhaltens in einer Extremsituation ist (UG).	PRO: Skizzieren Sie einen fiktiven Dialog zwischen Josephe und ihrem Bruder, nachdem dieser ihr Verhältnis mit Jeronimo an den Vater verraten hat.
1. Analyse des Erzähleingangs und seiner Funktion im Blick auf den Leser (1. Satz); anschließend Untersuchung des dreiteiligen Aufbaus der Erzählung (UG). 2. Herausstellen der jeweiligen Besonderheiten der drei Teile; Hervorhebung der wechselnden Schauplätze (GA). 3. Vortrag der GA-Ergebnisse (SV); Auswertung und Festhalten im Tafelbild (UG): *Stadt* / *Land* 1. Bigotte Klassengesellschaft in St. Jago. Strenge Bestrafung einer natürlichen, aber von der herrschenden Moral verbotenen Liebe 2. Aufhebung der sozialen Unterschiede und Vorurteile in einer Art urgesellschaftlichen Zustands (kurzfristige, sozialutopische Idylle) 3. Rückkehr zur denaturierten Ständegesellschaft. Wiederaufbrechen der alten Vorurteile	GK: Informieren Sie sich in Lexika bzw. im Geschichtsbuch über Rousseaus Zivilisationskritik und stellen Sie Parallelen zu Kleists Erzählung heraus. LK: Informieren Sie sich in Lexika über die Theodizee von Leibniz.

* Vgl. auch Goethes Darstellung in DICHTUNG UND WAHRHEIT (s. Interpretation, S. 8 f.).

Stunden	Thema	Didaktische Aspekte (Inhalte/Ziele)
4./5.	Philosophische Aspekte (metaphysischer Optimismus bzw. Pessimismus); Kleists Position	Die Schüler/innen sollen den Bezug zum ideengeschichtlichen Hintergrund erkennen. Dabei gilt es herauszuarbeiten, dass zwei konträre philosophische Richtungen zu unterscheiden sind: a) der auf Leibniz zurückgehende Optimismus, dass diese Welt die beste aller möglichen sei und dass alles Übel in der Welt Bestandteil von Gottes Heilsplan sei sowie b) die namentlich von Voltaire vertretene skeptisch-pessimistische Auffassung, dass Gott dem willkürlichen Geschehen auf Erden freien Lauf lasse und dass angesichts des Erdbebens von Lissabon ein gerechtes göttliches Walten nicht erkennbar sei. Die Schüler/innen sollen sodann in Kleists Erzählung untersuchen, wo und wie diese unterschiedlichen philosophischen Anschauungen sich niederschlagen und abschließend Kleists Position (die Voltaire nähersteht) skizzieren.
6. GK/ LK	Politische und soziale Aspekte	Ausgehend von der Tatsache, dass das Erdbeben eine zeitübliche Metapher für gewaltsame politische Umwälzungen war, soll herausgearbeitet werden, inwieweit Kleists Erzählung als Parabel für die Französische Revolution verstanden werden kann. Dabei sollen die Schüler/innen erkennen, dass die hierarchische Gesellschaftsordnung in St. Jago dem Ancien régime entspricht, dass in der sozialutopischen Idylle im Mittelteil die Ideale Freiheit, Gleichheit, Brüderlichkeit vorübergehend verwirklicht scheinen und dass die Anarchie im Schlussteil an die Terreur unter Robespierre erinnert.

Methodische Realisierung/ Verlauf	Hausaufgabe
1. Vortrag der LK-Hausaufgabe: die Grundzüge der Theodizee von Leibniz (SV). 2. Lektüre des Arbeitsblatts: Voltaires Gedicht über die Erdbeben-katastrophe von Lissabon (die ersten 20 Verse, s. Interpretation, S. 10 f.), Diskussion der gegensätzlichen Positionen (UG). 3. In welchem Sinne wird Gott erwähnt? – Auflistung der im Text vertretenen Auffassungen: a) Jeronimo und Josephe (subjektive Deutung im Sinne von Leibniz: […] **waren sehr gerührt, wenn sie dachten, wie viel Elend über die Welt kommen mußte, damit sie glücklich würden;** S. 58). b) Dominikaner-Chorherr (predigt vom Strafgericht Gottes). 4. Welchen Gesamteindruck hinsichtlich der Deutbarkeit des göttlichen Waltens hinterlässt Kleists Erzählung? (UG)	PRO: Entwerfen Sie in einem Brief an den Chorherrn eine Alternative zu seiner Hetzpredigt.
1. KRef: Verlauf der Französischen Revolution. 2. UG: Parallelen in Kleists Text zum historischen Hintergrund; Aufzählung der Gründe für die Bestrafung der Liebenden durch die Gesellschaft; die Rolle der Kirche.	Skizzieren Sie die charakteristischen Merkmale der Hauptpersonen.

Tafelbild: Historische Parallelen, Wandlungen in der Gesellschaftsstruktur

Französische Revolution   *Kleists Novelle*

Ancien régime: krasse ——▶ Klassengesellschaft in St. Jago
soziale und ökonomische
Gegensätze ↓   ↓

Gewaltsamer Umsturz der ——▶ Nach dem Erdbeben leben
bestehenden Verhältnisse   vorübergehend alle Menschen
                              als eine Familie in der
                              Talidylle ↓
↓

Umschlag von Freiheit, ——▶ Terror des Pöbels nach dem
Gleichheit und Brüderlich-   Gottesdienst. Wiederherstel-
keit in unkontrollierbaren   lung der alten Vorurteile und
Terror. Erneute Diktatur   Machtstrukturen
Napoleons

Stunden	Thema	Didaktische Aspekte (Inhalte/Ziele)
7. GK/ LK	Die Personen und ihr Verhalten	Die soziale Bedingtheit des Verhaltens der Väter, des Liebespaars und Don Fernandos soll herausgearbeitet werden, besonders auch die Möglichkeiten und Grenzen individuellen Glücks in einer vorurteilsbehafteten Gesellschaft.
8. GK/ LK	Kleists Erzählkunst	Zunächst gilt es, den Unterschied zwischen Autor und Erzähler hervorzuheben. Sodann sollen die Schüler/innen erkennen, dass die spezifische Erzählweise (z. B. die wechselnden Perspektiven und unterschiedlichen Wertungen sowie die zum Teil einander aufhebenden Deutungen des Geschehens im Text) unabdingbar zur Aussage gehört.
9. GK/ LK	Sprache und Stil; Leitmotive und Symbole	Die Schüler/innen sollen erkennen, dass der hypotaktisch gegliederte, dramatische Stil die Aussagekraft des Textes unterstreicht: dass beispielsweise die neunfach **anaphorisch angestauten** ›hier-Sätze‹ (53) die Dynamik der Flucht Jeronimos betonen oder dass andererseits die syndetische Reihung der ›und-Sätze‹ (57) die Unschlüssigkeit Josephes zum Ausdruck bringen. Ferner sollen der Verweisungscharakter und die umklammernde Funktion der Leitmotive und Symbole herausgearbeitet werden.

Methodische Realisierung/ Verlauf	Hausaufgabe
GA: Sammeln und Formulieren von Argumenten für gespielte Szenen: a) Jeronimo und Josephe unterhalten sich, ob ihre Liebe überhaupt Aussicht auf Realisierung hat. b) Die Liebenden im Streitgespräch mit ihren Vätern. c) Don Fernando rechtfertigt sich im Gespräch mit seiner Frau, warum er sein Leben für das verfolgte Paar und dessen Kind riskiert hat und weshalb er den Tod seines eigenen Sohnes nicht verhindern konnte. PRO: Spielen der drei Szenen. UG: Auswertung der gespielten Szenen; Diskussion der Schuldfrage; Aktualisierung: heutige Bedingungen der Liebe zwischen Menschen verschiedener sozialer oder nationaler Herkunft (z. B. ›Gastarbeiterkinder‹ und Deutsche).	Entwurf eines Zeitgerüsts der Erzählung (Herausstellen der Gegenwartshandlung; Vorgeschichte, eingeschobene Rückwendungen; Zeitangaben in der Novelle aufsuchen).
1. Vortrag der Hausaufgabe: das Zeitgerüst der Erzählung (SV). 2. Wo und mit welcher Funktion finden Wechsel der Erzählperspektiven statt? Wo und in welchem Sinne sind Wertungen des Erzählers erkennbar? (GA) 3. Lenkung der Lesersympathie durch den Erzähler (vgl. die Textstellen 51 f. (St. Jago), 53 ff.(Jeronimos Flucht), 56 f.(Josephes Flucht), 64 ff. (Predigt und Mordszene) (UG).	PRO: Entwerfen Sie, ausgehend vom letzten Satz der Erzählung, eine Tagebucheintragung Donna Elvires über ihr Verhältnis zu dem adoptierten Philipp.
1. KRef: Inhaltsangabe des *Bettelweibs von Locarno* und Emil Staigers Ergebnisse seiner Stiluntersuchung zu dieser Novelle Kleists. 2. GA: Charakterisierung der unterschiedlichen Stilarten in den drei Hauptabschnitten; z. B.: S. 51, Z. 1–8 und S. 53, Z. 21–37; S. 57, Z. 28 – S. 58, Z. 15; S. 65, Z. 20 – S. 66, Z. 18; dazu Arbeitsblatt: eine Briefstelle Kleists zum Stilvergleich mit der Erzählung (s. Mat. 2). 3. UG: Auswertung der GA; Aufsuchen und Erklärung von Symbolen in der Novelle.	PRO: Versuchen Sie einen Schluss zu schreiben, in dem die Liebenden gerettet werden.

Tafelbild: Leitmotive und Symbole

Glocken (S. 51, 52, 59)	Verweis auf das von der Kirche mitverursachte Unglück der Liebenden
Pfeiler (S. 53, 68)	Geplanter Todesort für Jeronimo – tatsächlicher Todesort für Juan
Rote Rose (S. 64)	Symbol für die Passion Christi und das Blut der Märtyrer
Granatapfelbaum	Symbol für Fruchtbarkeit und Todesverfallenheit

Stunden	Thema	Didaktische Aspekte (Inhalte/Ziele)
10./ 11. GK/ LK	Vorführung des Films von Helma Sanders (90 Min.)	
12. GK/ LK	Besprechung der Verfilmung des *Erdbebens* durch Helma Sanders	Die Schüler/innen sollten zum Nachdenken über die Möglichkeiten und Grenzen einer Literaturverfilmung hingeführt werden, zugleich können sie am konkreten Beispiel die Aktualisierungstendenzen der Regisseurin Helma Sanders diskutieren. Dies kann überleiten zu einem Vergleich mit dem ›Titanic‹-Film von James Cameron, über den als Einstieg in diese Unterrichtsreihe gesprochen wurde.

1. Arbeitsblatt: Kommentar Sanders' zu ihrem Film (s. Interpretation, S. 65);
Diskussion über Parallelen und Unterschiede zwischen Kleists Text und dem Film, vor allem über den Aspekt, dass Jeronimo im Film ein Indio ist (UG).
2. Wiederanknüpfen an die Besprechung des ›Titanic‹-Film von Cameron in der 1. Stunde; (dort ist die Konstellation vergleichbar, aber die ›Lösung‹ konträr).
3. Zur weiteren Aktualisierung UG über die Darstellung heutiger Katastrophen (Oder-Hochwasser 1997 und Hurrikan ›Mitch‹ in Nicaragua und Honduras 1998) im Fernsehen. Wie werden dabei Einzelschicksale berücksichtigt?

Entspricht die Darstellung Jeronimos als Indio der Intention Kleists? Muss sie es überhaupt?

3 Klausurvorschläge

GK

1. Interpretieren Sie den Erzähleingang
   a) als Exposition des Textes,
   b) in seiner Bedeutung für das Zeitgerüst der Erzählung.

GK

2. Welche Bedeutung hat der äußere Aufbau der Erzählung für ihre innere Struktur? Erläuterung an mehreren Textbeispielen.

GK

3. Vergleichen Sie die Fluchtschilderungen Jeronimos und Josephes.

GK

4. PRO: Schreiben Sie das Wiedersehen Jeronimos und Josephes im ›Tal von Eden‹ in eine Hörspielszene um.

GK/LK

5. a) Worin liegt die Schuld Jeronimos und Josephes?
   b) Kann das Handeln Don Fernandos als positiver Gegenentwurf zum Verhalten der übrigen Kontrahenten Jeronimos und Josephes verstanden werden?

GK/LK

6. Kann das Überleben des kleinen Philipp als optimistischer Ausblick gedeutet werden?

LK

7. a) Welche Bewertungen des Geschehens gibt der Erzähler?
   b) Welche Deutungen geben die Personen der Handlung?
   c) In welchem Verhältnis stehen die unterschiedlichen Bewertungen des Geschehens zueinander?

LK

8. a) Welche Bedeutung hat das Normensystem der Gesellschaft St. Jagos?
   b) Wie beurteilen Sie die Rolle der Kirche gemessen an christlichen Wertvorstellungen?
   c) Welche Einschätzung des Verlaufs der Französischen Revolution lässt sich an Kleists Text ablesen?

LK

9. Zeigen Sie die Ausprägungen des Kleist'schen Erzählstils an folgenden Textausschnitten auf:
   S. 53, Z. 19 – S. 54, Z. 2 – S. 57, Z. 23 – S. 58, Z. 23 – S. 67, Z. 7 – S. 68, Z. 18

LK

10. PRO: Skizzieren Sie einen fiktiven Dialog zwischen Jeronimo und Josephe einerseits und Jack und Rose im ›Titanic‹-Film andererseits über die Hindernisse, die die Umwelt ihrer Liebe entgegensetzt.

Unterrichtshilfen zu »Die Marquise von O ...«

1   Didaktische Aspekte

Die Erzählung eignet sich für die Grund- und Leistungskurse der Jahrgangsstufen 11–13. Die brisante Thematik ungewollter Schwangerschaft und ihrer Beurteilung durch die Gesellschaft könnte das Interesse der Schüler/innen wecken. Vergewaltigung ist ein bedeutendes Problem in den zeitgenössischen moralischen bzw. rechtspolitischen Diskussionen.

Folgende literaturdidaktische Aspekte machen die Erzählung interessant:
– Die Erzählung kann den Schüler/inne/n die Möglichkeit solidarischer Identifikation oder kritischer Abgrenzung bieten.
– Die Schüler/innen können die Struktur einer Gesellschaft und Formen der Konfliktbewältigung bzw. -verdrängung beobachten.
– Die MARQUISE VON O... ist in ihrer Erzählstruktur und ironischen Doppeldeutigkeit ein Sprachkunstwerk von hohem Rang.
– Sie bietet die Möglichkeit die Tragfähigkeit psychoanalytischer Erkenntnisse für einen literarischen Text zu erproben.
– Ein Vergleich mit der Verfilmung durch Eric Rohmer vermag Einblick in die Möglichkeiten und Grenzen dieses Mediums im Umgang mit der literarischen Vorlage zu gewähren.

2   Didaktisch-methodische Literatur

Kleists DIE MARQUISE VON O... ist in der Regel für die Behandlung in der S II (11.–13. Kl.) vorgesehen. Die komplexere Spiegelung historischer und psychologischer Voraussetzungen und Gegebenheiten setzt auch bei der Rezeption im Unterricht ein tieferes Textempfinden der Schüler voraus. Wie schon in der Interpretation angedeutet, hat diese Novelle Kleists zu Beginn der 90er-Jahre wieder größere Beachtung, auch in der fachdidaktischen Literatur, gefunden. So finden sich z.B. in *Diskussion Deutsch,* Jg. 1991, H. 2, gleich zwei Beiträge: K. Fingerhut mustert ›Deutungsvarianten‹ zu diesem Text, geht dabei von scheinbaren Widersprüchen in der Figurendarstellung und Erzählweise aus, **Provokationen des Alltagsbewußtseins,** wie er sie (ebd., S. 141) nennt, referiert und wertet sodann die psychologischen Deutungen (H. E. Renk, Politzer, Grathoff), strukturalistischen Interpretationen (Pfeifer), Ansätze zur Sozial-und Zeitkritik (Schmidthäuser), die **Interpretation als existenzerhellendes Figurenspiel** (H. Reske, H. Hillmanns ›Probehandeln‹), sowie **Ansätze einer politischen Interpretation** und schließlich den Vergleich mit Hartmut Langes Komödie DIE GRÄFIN VON RATHENOW von 1969. Fingerhuts Aufsatz bietet keine didaktische Aufbereitung, wohl aber Materialien für eine Übersicht zur Behandlung der neueren Rezeptionsgeschichte in einem Leistungskurs oder Proseminar.

Anders ist dagegen der Aufsatz von Günter Graf über eine **schülerorientierte Behandlung** des Textes (im gleichen Heft) orientiert. Er entwirft ein

Konzept über die Verbindung von **Produktion, d. i. Schülerreaktion auf den Text und Schülereingriffe in den Text** mit einer mentalitätsgeschichtlich ausgerichteten Interpretation. Die Produktivität der Schüler/innen besteht dabei in selbstständigen schriftlichen Fortsetzungen von Textauszügen (z. B. der Anzeige der Marquise) und dem Vergleich mit dem Original. Die mentalitätsgeschichtliche Interpretation beruht auf der Sichtung bestimmter Briefe Kleists im Vergleich mit anderen Aussagen über die **brüchige Zeit** zu Beginn des 19. Jahrhunderts.

Grafs Vorschläge bilden zweifellos eine Alternative oder Ergänzung zu textbezogenen hermeneutischen Interpretationen.

3 Unterrichtsreihen

Die Novelle DIE MARQUISE VON O… erlaubt aufgrund der Komplexität der hier aufgegriffenen Probleme mehrere thematische Zuordnungen, so z. B. in eine Reihe »Der Krieg und seine Folgen«, z. B. mit Auszügen aus Grimmelshausens SIMPLIZIUS SIMPLIZISSIMUS, Ulrich Bräkers DER ARME MANN AUS DEM TOGGENBURG, Remarques IM WESTEN NICHTS NEUES, Pliviers STALINGRAD; oder in eine Reihe über Frauenemanzipation (wenn auch Fingerhut (s. o.) in der Rückkehr der Marquise in die Familie und zu ihrem Vater eine Rücknahme

Stunden	Thema	Didaktische Aspekte (Inhalte/Ziele)
1./2. GK/ LK	Die Brisanz des Stoffes	Als Einstieg und Motivation für eine genauere Beschäftigung mit der Erzählung sollen die Schüler/innen, ausgehend vom heute durchaus üblichen Verfahren der Partnersuche durch Zeitungsinserat, den Stellenwert der Annonce der Marquise von O … erkennen und diskutieren sowie die Brisanz der Thematik von Vergewaltigung und gesellschaftlicher Ächtung unehelicher Empfängnis erörtern lernen.

der Emanzipation erblickt) mit Texten über gelungene oder misslungene emanzipatorische Ansätze (z. B. Luise Millerin in Schillers KABALE UND LIEBE, Hebbels MARIA MAGDALENA oder JUDITH, Hauptmanns ROSE BERND, Christa Wolfs KASSANDRA); oder zum Thema ›Vergewaltigung‹ (ebenfalls mit ROSE BERND und KASSANDRA und Auszügen aus Heinrich Manns DER UNTERTAN). Außerdem wären auch hier Einordnungen in biografische Reihen mit anderen Werken Kleists (z. B. PENTHESILEA, KÄTHCHEN VON HEILBRONN und dem ERD-BEBEN IN CHILI) sowie mit anderen Novellen (z. B. Kleists DIE VERLOBUNG IN ST. DOMINGO, Brentanos VOM BRAVEN KASPERL UND DEM SCHÖNEN ANNERL, Stifters BRIGITTA, C. F. Meyers DIE RICHTERIN, Musils DIE PORTUGIESIN) möglich.

4   Unterrichtssequenz

Verwendete Abkürzungen:

GA	= Gruppenarbeit	PRO	= produktionsorientierte Themen-
GK	= Grundkurs		oder Aufgabenstellung
HA	= Hausaufgabe	Ref	= Referat
KRef	= Kurzreferat	SV	= Schülervortrag
LK	= Leistungskurs	UG	= Unterrichtsgespräch

Methodische Realisierung/ Verlauf	Hausaufgabe
1. Arbeitsblatt I: Zeitungsinserate aus dem *Bergischen Handelsblatt* und dem *Kölner Stadt-Anzeiger* (s. Mat. 3 oder ähnliche aus der regionalen Presse). a) Wie sind solche Versuche der Kontaktaufnahme einzuschätzen? b) Wodurch unterscheiden sich diese beiden Annoncen von der, die die Marquise aufgegeben hat? (UG) 2. Arbeitsblatt II: Auszug aus Michel de Montaignes Essay »Über die Trunksucht« als stoffliche Anregung für Kleist (Abdruck s. Interpretation, S. 66). 3. Herausstellen der Parallelen und Unterschiede zu Kleists Novelle (UG). 4. Diskussion darüber, worin die Provokation des Zeitungsinserats liegt und ob es auch heute noch eine Provokation bedeuten würde (UG).	PRO: Entwerfen Sie einen Tagebucheintrag der Marquise mit ihren Gedanken beim Abschicken der Annonce.

Stunden	Thema	Didaktische Aspekte (Inhalte/Ziele)
3. GK/ LK	Der Aufbau der Erzählung	Die Schüler/innen sollen herausstellen, dass die Novelle aus zwei großen Spannungsbögen besteht und zugleich zwei Geschichten erzählt: die der Marquise und die des Grafen. Dabei gilt es ebenfalls, die Funktion des Erzähleingangs bzw. der Exposition zu erkennen und die beiden Hauptabschnitte der Handlung zu gewichten.
4. GK/ LK	Die Rolle der Gesellschaft und der Familie	Die Schüler/innen sollen erkennen, dass die Gesellschaft, obwohl unmittelbar gar nicht gegenwärtig, eine eminent wichtige Rolle spielt und dass das Verhalten aller Familienmitglieder an ihren Normen orientiert ist. Wichtig ist ferner, dass es in erster Linie *bürgerliche* Normen sind, die sie internalisiert haben.
5. GK/ LK	Die Identitätskirse der Marquise	Verdeutlicht und diskutiert werden soll die vermeintlich unlösbare Konfliktsituation der Marquise, die durch den Widerspruch zwischen ihrem subjektiven Gefühl und den unleugbaren Tatsachen verursacht wird. Dabei soll die Paradoxie als typisches Merkmal für die Grenzsituationen, in die Kleist seine Personen stellt, erkennbar werden.

Methodische Realisierung/ Verlauf	Hausaufgabe
1. SV: Vortrag der Hausaufgabe. 2. UG: Weshalb steht die Annonce am Anfang? In welchem Verhältnis stehen Vorgeschichte und Gegenwartshandlung zueinander? 3. GA: a) Auf welche Weise sind die Geschichte der Marquise und die des Grafen miteinander verflochten? b) Welche Beziehung besteht zwischen Ereignissen und Schauplätzen (Zitadelle – Stadthaus – Landsitz)? 4. UG: Zusammenfassung der GA-Ergebnisse; Betonung, wie wichtig der Rückzug der Marquise auf ihren Landsitz für ihre Selbstfindung ist.	Versuchen Sie eine grafische Darstellung des Aufbaus (und der beiden Spannungsbögen) der Erzählung.
1. KRef: Die Bedeutung der Familie um 1800, Opposition Adel/Bürgertum (s. Interpretation, S. 75 f.). 2. UG: Herausstellen der Internalisierung der sozialen Normen durch die Familienmitglieder unter folgenden Leitfragen: a) Warum sucht die Marquise den Vater des erwarteten Kindes? b) Warum wird sie von ihrer Familie verstoßen? c) Aus welchen Gründen heiratet sie den Grafen? 3. PRO: Inszenieren einer Familiendiskussion mit verteilten Rollen über den Umgang mit der ›peinlichen‹ Schwangerschaft.	PRO: Entwerfen Sie einen Brief des Grafen an einen Freund, in dem er diesem seine vertraulichsten Gedanken mitteilt.
1. SV: Hausaufgabe. 2. UG: Worin besteht die Identitätskrise der Marquise? Arbeitsblatt zum Identitätsbegriff (s. Mat. 4). 3. GA: Welche Gründe sprechen a) für eine positive Bewertung ihres Verhaltens? b) für eine eher skeptische Beurteilung? 4. UG: Zusammenfassende Diskussion über den scheinbar unüberbrückbaren Gegensatz zwischen eigenem Gefühl und schicksalhaften Gegebenheiten; Aktualisierung: Wie würde sich in unserer heutigen Zeit die geschilderte Problematik darstellen? (Vergleichbare erdachte Fälle oder solche, die sich tatsächlich ereignet haben.)	PRO: Verfassen Sie einen Inneren Monolog, in dem die Marquise über ihre Probleme reflektiert.

Stunden	Thema	Didaktische Aspekte (Inhalte/Ziele)
6. GK/ LK	Die vier Haupt- personen, die Nebenfiguren	Zunächst sollen die wichtigsten Personen genauer charak- terisiert und dann die Funktion der Nebenfiguren erläu- tert werden. Auf dieser Basis sollen die Schüler/innen dann erkennen, dass der Erzähler seine Figuren in einer Art Ex- periment in eine bestimmte Konstellation zueinander stellt und dann (mit dem Leser) ihr Verhalten beobachtet.

LK-Additum im Anschluss an die 6. Stunde

Stunden	Thema	Didaktische Aspekte (Inhalte/Ziele)
7.	Psychoanalytische Aspekte	Hauptziel der Stunde ist es, herauszufinden, ob und inwie- fern dem Text eine tiefenpsychologische Dimension zu- grunde liegt. Ausgehend von Sigmund Freuds Ausführun- gen zum **psychischen Apparat** sollen die Schüler/innen die spezifische Situation der Marquise analysieren (s. Interpre- tation, S. 88 f.), dass die Protagonistin von ihrem ›Es‹ und ihrem ›Über-Ich‹ gleichermaßen ›in die Zange genommen‹ wird. Dies führt zu der Frage, ab wann und in welchem Maße die Marquise zur Verdrängung disponiert ist.

Methodische Realisierung/ Verlauf	Hausaufgabe
1. GA: Charakterisierung des Obristen und der Obristin; der Marquise und des Grafen; der Nebenpersonen (Forstmeister, Jäger Leopardo, Arzt, Hebamme).	1. Lektüre eines Briefauszugs von Kleist (s. Mat. 5),
2. UG: Zusammenfassung und Diskussion der gewonnenen Erkenntnisse;	Beurteilung seiner Auffassung von
Leitfragen:	den verschiedenen
a) Von welchen Motiven lässt sich der Kommandant in seinem Handeln leiten?	Rollen der Geschlechter.
b) Welche Rolle spielt die Mutter innerhalb der Familie?	Oder:
c) Welche Entwicklung durchläuft die Marquise?	2. Wie beurteilen
d) Was für einen Charakter hat der Graf?	Sie das Verhalten
e) Welche Funktion haben die Nebenpersonen jeweils im Einzelnen?	des Grafen und seine ›Strafe‹?
Ergebnissicherung, Festhalten in Stichworten an der Tafel.	

Methodische Realisierung/ Verlauf	Hausaufgabe
Arbeitsblatt: Auszug aus Sigmund Freuds *Abriß der Psychoanalyse* (»Der psychische Apparat«, s. Mat. 6).	Wie beurteilen Sie die Versöhnungsszene?
1. GA: Diskussion der Fragen	
a) Wann konnte die Marquise die Täterschaft des Grafen ahnen?	
b) Ab wann beginnt sie zu verdrängen?	
c) Wie steht es mit dem Verhältnis von Wissen und Gewissen?	
d) Warum *will* die Marquise bis zur Geständnisszene *nichts* wissen?	
e) In welchem Maße ist die Marquise mit ihrem Vater verbunden?	
f) Kann Kleists Epigramm zur MARQUISE VON O… (s. Interpretation, S. 89) als Schlüssel zum Verständnis der Erzählung gewertet werden oder ist es nicht doch eher ein ironischer Seitenhieb gegen sensationsgierig-lüsterne Leser/innen?	
2. UG: Diskussion der GA-Ergebnisse, Festhalten in Stichworten an der Tafel.	

Stunden	Thema	Didaktische Aspekte (Inhalte/Ziele)
8./9. GK/ LK	Kleists Erzähl- strategie	Die Schüler/innen sollen, indem sie Kleists Erzählweise in z. T. produktionsorientierten Aufgabenstellungen ver- ändern bzw. verfremden, seine eher verschweigende als benennende Strategie erkennen. Zugleich gilt es, die iro- nischen und parodistischen Elemente, insbesondere die Nähe zur Komödie herauszuarbeiten.
10. GK/ LK	Die Sprache	Die Schüler/innen sollen die entscheidende Bedeutung der von Kleist gewählten Sprachebene erkennen. Er hat sich als ›Sprachmaske‹ den konventionellen Redestil der Ober- schicht angelegt in einer Weise, dass die verblümten Wen- dungen die doppelbödige Moral dieser Gesellschafts- schicht unverblümt offenbaren. Im Anschluss daran sind die nichtsprachlichen Ausdrucksweisen herauszuarbeiten (Wechsel der Gesichtsfarbe, Verstummen etc.).

Methodische Realisierung/ Verlauf	Hausaufgabe

1. GA:

a) Stellen Sie die wichtigsten Szenen der Erzählung in ihrer chronologischen Reihenfolge zusammen und beschreiben Sie den Wirkungsunterschied im Vergleich zu der vom Autor gewählten Abfolge.

b) Wo gibt es psychologische Innensicht, wo nicht?

2. UG: Vorstellen der GA-Ergebnisse.

3. GA, PRO:

a) Erzählen Sie in der Ich-Form aus der Perspektive des Grafen, wie er sich insgeheim über die unglaublich naive Ahnungslosigkeit der Kommandantenfamilie lustig macht.

b) Formulieren Sie einen Dialog zwischen der verdrängenden Marquise und ihrem ›Alter Ego‹, das ihr gnadenlos ›unter die Nase reibt‹, dass sie im Grunde genommen die Zusammenhänge fast von Anfang an ganz genau durchschaut hat.

4. UG: Vortrag und Diskussion der Ergebnisse.

5. KRef: Kurzcharakteristik des zeitgenössischen Rührstücks.

6. Aufführung der Versöhnungsszene zwischen Mutter und Tochter (Text S. 40 f.), in dem beide mit stark übertreibender Rührung in Sprechweise, Mimik und Gestik weinend voreinander auf den Knien herumrutschen.

7. Herausstellen der Szenen, die aus einer Komödie stammen könnten (z. B. außer dieser Versöhnungsszene die zwischen Vater und Tochter, ferner die überraschende Rückkehr des Grafen und die **Anschuldigung der Eltern, daß er ja tot sei** (S. 10), die Ankündigung des Grafen am ›gefürchteten Dritten‹ durch Leopardo, der dabei zuerst in Verdacht gerät, oder auch das Happyend).

Welche Funktion hat die ironische Erzählweise? (Vgl. Textstellen S. 8 ff., S. 18 f. und S. 32 f.)

---

1. SV: Hausaufgabe (Erläuterung der ironischen Passagen).

2. a) Zusammenstellen von mehrdeutigen Floskeln aus der gesellschaftlichen Oberschicht

– **eine Verbindlichkeit auferlegen** (11; von der die Marquise entbunden wird)

– unabänderliche **Umstände** oder ähnlich (etliche Male)

– **lebhaft scheinende Wünsche des Grafen** (19; auch in Gestalt des sich im Mutterleib rührenden Kindes)

– **so schwer es ihm auch in jedem Sinne war, umzukehren** (33)

– das Symbol des Schwans (im Fiebertraum des Grafen) (GA).

b) Textstellen heraussuchen, in denen der Erzähler Sprachlosigkeit oder bestimmten Gebärden wie Erröten oder Erbleichen Aussagekraft verleiht (GA).

3. Ergebnisse diskutieren und im Tafelbild festhalten (UG).

PRO: Notieren Sie Ihre Vorüberlegungen darüber, was man bei einer Verfilmung der MARQUISE VON O… beachten müsste.

Stunden	Thema	Didaktische Aspekte (Inhalte/Ziele)
11./ 12. GK/ LK	Vorführung des Films von Eric Rohmer (ca. 100 Min.)	
13. GK/ LK	Besprechung der Verfilmung der *MARQUISE VON O...* durch Eric Rohmer	Die Schüler/innen sollen Möglichkeiten und Grenzen einer Literaturverfilmung diskutieren.

1. UG: Spontane Äußerungen zum Film sammeln und systematisieren;
– große Textnähe
– Verwendung historischer Kostüme
– schauspielerische Eigentümlichkeiten
2. Arbeitsblatt: Kommentare des Regisseurs zu seinem Film
(s. Interpretation, S. 101 f.);
Besprechung der Kommentare Rohmers;
Diskussion der Adäquanz der filmischen Mittel.

1. Zusammenfassende Stellungnahme zu der Frage, ob Rohmers an die Kleist-Zeit gebundene Verfilmung einen heutigen Betrachter überzeugen kann.
2. PRO: Skizzieren Sie Alternativvorstellungen zu einer Verfilmung der MARQUISE VON O…

5   Klausurvorschläge

GK/LK

1. Skizzieren Sie die Bedeutung der Familie in Kleists Zeit und erörtern Sie die Rolle der Familie und der Gesellschaft in der Erzählung.

GK/LK

2. Inwieweit gelingt der Marquise bei der Lösung ihrer Identifikationskrise(n) eine persönliche Emanzipation?

GK/LK

3. Beschreiben Sie Zielrichtung und Formen der Gesellschaftskritik in der MARQUISE VON O…

GK/LK

4. PRO: Denken Sie sich einen Schluss aus, in dem die Marquise sich trotz des anfänglich gegebenen Versprechens konsequent weigert den Grafen zu heiraten.

LK

5. Interpretieren Sie den Erzähleingang im Blick auf die gesellschaftliche Thematik und hinsichtlich der zeitlichen Struktur der Erzählung.

LK

6. Vergleichen Sie den Skandal der Zeitungsannonce mit dem der Versöhnungsszene (S. 42, Z. 18 – S. 44, Z. 29).

LK

7. Worin entsprechen und unterscheiden sich erzählerische und filmische Struktur bei Kleist und Rohmer?

LK

8. PRO: Formulieren Sie ein fiktives Streitgespräch, in dem der Graf und die Marquise von Anfang an die Wahrheit aussprechen und über mögliche Konsequenzen diskutieren.

LK

9. PRO: Schreiben Sie eine Szene, in der die Soldaten, die die Marquise belästigt haben, dem Grafen sein viel schlimmeres Verbrechen vorhalten.

Materialien

Zeitgenössische Berichte über Santiago und das Erdbeben

Der Reisebericht von AMÉDÉE FRANÇOIS FREZIER, »Relation du voyage de la mer du sud aux cotés du Chily et du Perou, fait pendant les années 1712, 1713 & 1714«, Paris 1716, erschien 1717 in englischer Übersetzung und 1718 in deutscher. In Kapitel 4 »Beschreibung SANTJAGO, der Haupt-Stadt in Chili, nach ihrem Natürlichen/ Politischen und Militair-Zustande« heißt es:

»Die daselbst öffters sich ereugende Erdbeben haben der Stadt grossen Schaden zugefüget. Unter andern im Jahr 1647 und 1657, deren das Erste so hefftig war, daß es dieselbe fast gantz übern Haufen warff, und in der Lufft solche böse Dünste erweckte, daß alle Menschen bis auff drey- oder vierhundert Persohnen davon gestorben.

Die Seite gegen Abend [des Königlichen Platzes] begreifft die Stiffts-Kirche und der Bischöfl. Pallast: Im Norden steht der neue Pallast des Präsidenten, die Königliche Justiz-Kammer, das Cabildo, und die Gefängnis.

Außer der Stiffts-Kirche sind deren noch drey, als St. Pauli, St. Annae und St. Isidori, so aber nur klein und wenig besucht werden. Die Mönche haben weit ansehnlichere Kirchen-Gebäude. Es befinden sich aber hieselbst VIII Manns-Clöster / nemlich III von Franciscanern / zwey von Jesuiten / eines von Brüdern der Barmhertzigkeit / eines von St. Jean de Dieu, und eines von Dominicanern. Andere Geistliche Orden finden sich in gantz Chili nicht. Der Nonnen-Clöster hats fünfe: Eines mit Carmeliterinnen / eines mit Augustinerinnen / eines der Seeligen / so eine Schwesterschafft gleichfals des heil. Augustini ist, und dann zwey vom Orden St. Clara. Alle die Clöster sind starck besetzt, und es giebt unter ihnen etliche, so über zweyhundert Persohnen unterhalten.

Das Inquisitions-Gericht von Chili hat hier ebenmässig seinen Sitz. Der Oberste davon hat seine Wohnung zu Santjago, seine Bediente aber stecken hier und dar in allen Städten und Dörffern seines geistlichen Gebiets. Ihre meiste Arbeit ist die Untersuchung der Erscheinungen der wahren oder auch nur vermeintlichen Zaubereien, und gewieser vor die Inquisition gehöriger Verbrechen, als der Vielweiberei u.s.f.«

> [Amédée François] Frezier: Allerneueste Reise nach der Süd-See /
> und denen Küsten von Chili, Peru und Brasilien. Aus dem Frantzö-
> sischen übersetzet. Hamburg: Thomas von Wierings Erben, 1718.
> S. 130 und 135.

1782 erschien in deutscher Übersetzung eine Landesbeschreibung von Chile, die von dem Übersetzer C. J. Jagemann dem Jesuiten FELIPE GOMEZ DE VIDAURRE zugeschrieben wurde: »Des Herrn Abts Vidaure Kurtz gefaßte geographische, natürliche und bürgerliche Geschichte des Königreichs Chile«. [...] Der 27. Abschnitt handelt über »Santiago oder S. Jacob«:

»Diese schöne Stadt, welche Santiago oder S. Jacob genannt wird, liegt [...] in einer weiten und angenehmen Ebene, auf dem südlichen Ufer des Mapocho [...]. Ihre Straßen sind wie in allen andern Städten und Flecken 36 geometrische Fuß breit, grade und rechtwinkelicht durchschnitten. Sie hat einen viereckigten Marktplatz, von welchem eine jede Seite 450 Schuh lang ist, und in dessen Mitte ein schöner Springbrunn von Kupfer stehet. Die nördliche Seite desselben ist von den Pallästen des Präsidenten, der Audienzia, und von dem Rathhause der Bürgerschaft, unter welchem die öffentliche Gefängnisse sind, eingenommen. Gegenüber stehet der Pallast des Grafen von Sierrabella, auf der westlichen Seite der Dom und die bischöfliche Wohnung; und auf der östlichen sind drey Häuser, welche Privat-Einwohner zugehören. Die Ansehnlichsten unter den Gebäuden sind der Dom, die Kirche der Dominikaner, und jene des ehemaligen größten Kollegiums der Jesuiten. Die privat Häuser sind ziemlich schön, und wegen der öftern Erdbeben nur ein Stockwerk hoch. [...]«

Des Herrn Abts Vidaure Kurtz gefaßte geographische, natürliche und bürgerliche Geschichte des Königreichs Chile, aus dem Italienischen ins Deutsche übersetzt von C. J. Jagemann. Hamburg: C. E. Bohn, 1782, S. 172 ff.

(Zitiert nach: Erläuterungen und Dokumente. Heinrich von Kleist: Das Erdbeben in Chili. Hedwig Appelt/Dirk Grathoff (Hrsg.), Stuttgart (Reclam) 1986, S. 40 f. und 44)

Augenzeugenberichte hat ALFRED OWEN ALDRIDGE in seinem Artikel »The Background of Kleist's ›Das Erdbeben in Chili‹« ausgewertet:

»Das Erdbeben begann am 13. Mai 1647 um 10.37 nachts. Alle Gebäude Santiagos brachen augenblicklich zusammen – so daß man den Lärm des Erdbebens nicht von dem der einstürzenden Gebäude unterscheiden konnte. Die Erschütterung dauerte etwa zwölf Minuten; während dieser Zeit war der Himmel fast gänzlich durch Staubwolken verdunkelt, nur gelegentlich drangen schwache Strahlen des Mondscheins hindurch. Der Lärm war so groß, daß man ihn noch 50 Meilen entfernt an den Cordilleren hören konnte, und sogar die aufgeklärtesten Einwohner Santiagos dachten, das Jüngste Gericht sei über sie gekommen.
Die eindrucksvolle Kathedrale, die – was ihren architektonischen Rang betrifft – ohnegleichen in den beiden Amerikas war, stand unerschüttert mit ihrem Mittelschiff und einem Teil der Sakristei, doch der Rest wurde zerstört. Die anderen Kirchen und Klöster in der Stadt, einschließlich der Dominikanerkirche, hatten weniger Glück. Alle lagen in Trümmern, mit Ausnahme der Kirche, die dem heiligen Santurnino geweiht war, der seither als Schutzheiliger der Stadt angesehen wurde, weil seine Kirche als einzige verschont blieb.
Nach dem ersten Schock der Katastrophe fingen die Stadtbewohner an, sich durch die beiden einzigen unversperrten Straßen zu der zentralen Plaza durchzuwängen. Während der ganzen Nacht kam es immer wieder zu Beben und übelriechende Wasser und große Mengen von Sand schossen aus Spalten in der Erde hervor, obwohl Santiago 10 bis 12 Meilen vom Ozean entfernt liegt. Während der Nacht liefen 40 oder 50 Priester in der Menge umher, nahmen die Beichte ab und erteilten die Letzte Ölung. Gegen Morgengrauen feierten der Bischof und der übrige Klerus eine fortdauernde Messe an einem improvisierten Altar auf der Plaza. In der Nacht des 14. Mai wuchsen Angst und Schrecken der Bevölkerung bis zu einem solchen Grad, daß der Bischof anfing, im Friedhof der Kathedrale zu predigen, um die Leute zu beruhigen. Seine Predigt dauerte eineinhalb Stunden. Trotz der Schwachheit seiner Stimme und seines stark angegriffenen Gesundheitszustandes erzählte man später, daß er noch aus der Entfernung von mehreren Blocks deutlich zu hören war.
Viele der Leute verstanden den Bischof dahingehend, ›daß Gott bereits besänftigt sei

durch das große Ausmaß der Reue, das die Bevölkerung der Stadt schon an den Tag gelegt hätte; daß er wisse, daß die Strafe im Vergleich zu den Sünden der Menschen zwar recht gering, dabei als solche aber doch streng gewesen sei; und daß Gott bereits erreicht hätte, was er beabsichtigte, nämlich ihre Trauer und Reue.‹ In Wirklichkeit aber wiesen die Worte des Bischofs jedwede Vorstellung von Bestrafung oder Besänftigung gänzlich zurück. Er stellte unzweideutig fest, daß das Erdbeben kein verläßlicher Beweis für Gottes Zorn sei. In seinem nachfolgenden Buch widmete er 12 Seiten der Rechtfertigung der theologischen Ansicht, daß große Katastrophen, die massenhaftes Leid hervorrufen, oft dazu bestimmt seien, eher als Prüfung für Gottes Volk denn als Bestrafung zu wirken. […]«

Alfred Owen Aldridge: The Background of Kleist's »Das Erdbeben in Chili«. In: arcadia, Zeitschrift für vergleichende Literaturwissenschaft 3 (1968), S. 175 ff. [Übers.: Dirk Grathoff]

(Zitiert nach: Erläuterungen und Dokumente. Heinrich von Kleist: Das Erdbeben in Chili. Hedwig Appelt/Dirk Grathoff (Hrsg.), Stuttgart (Reclam) 1986, S. 37 ff.)

Brief an die Halbschwester Ulrike von Kleist (zum Stilvergleich mit den Erzählungen)

Material 2

Meine teuerste Ulrike,

Wie schrecklich sind diese Zeiten! Wie gern möcht ich, daß du an meinem Bette säßest, und daß ich Deine Hand hielte; ich fühle mich schon gestärkt, wenn ich an Dich denke! Werdet Ihr flüchten? Es heißt ja, daß der Kaiser den Franzosen alle Hauptstädte zur Plünderung versprochen habe. Man kann kaum an eine solche Raserei der Bosheit glauben. Wie sehr hat sich alles bestätigt, was wir vor einem Jahre schon voraussahen. Man hätte das ganze Zeitungsblatt von heute damals schon schreiben können. Habt Ihr Nachrichten von Leopold und Pannwitz? Vom Regiment Möllendorff sollen ja nur drei Offiziere übrig geblieben sein. Vierzig tausend Mann auf dem Schlachtfelde, und doch kein Sieg! Es ist entsetzlich. Pfuel war, kurze Zeit vor dem Ausbruch des Krieges, Adjutant bei dem General Schmettau geworden, der bei Saalfeld geblieben ist. Was aus ihm geworden ist, weiß ich nicht. Auch von Rühlen habe ich seit drei Wochen keine Nachrichten erhalten. Sie standen beide bei dem Korps des Prinzen Hohenlohe, das, wie es heißt, eingeschlossen und von der Elbe abgeschnitten ist. Man kann nicht ohne Tränen daran denken. Denn wenn sie alle denken, wie Rühle und Pfuel, so ergibt sich keiner. Ich war vor einiger Zeit willens, nach Berlin zu gehen. Doch mein immer krankhafter Zustand macht es mir ganz unmöglich. Ich leide an Verstopfungen, Beängstigungen, schwitze und phantasiere, und muß unter drei Tagen immer zwei das Bette hüten. Mein Nervensystem ist zerstört. Ich war zu Ende des Sommers fünf Wochen in Pillau, um dort das Seebad zu gebrauchen; doch auch dort war ich bettlägrig, und bin kaum fünf oder sechsmal ins Wasser gestiegen. Die Präsidentin hat mir noch ganz kürzlich etwas für Dich aufgetragen, mein Kopf ist aber so schwer, daß ich Dir nicht sagen kann, was? Es wird wohl nicht mehr, als ein Gruß gewesen sein. Sie hat durch den Kriegsrat Schäffner etwas von Dir erfahren, von dem Du, glaub ich, eine Anverwandte gesehen und gesprochen hast. Übrigens geht es mir gut. Wenn ich nur an Dir nicht Unrecht getan hätte, mein teuerstes Mädchen! Ich bin so gerührt, wenn ich das denke, daß ich es nicht beschreiben kann. Schreibe mir doch, wenn Ihr, wie ich fast glaube, nach Schorin gehen solltet. Denn Minette wird doch schwerlich die Franzosen in Frankfurt abwarten. Vielleicht käme ich alsdann auch dahin. Kein besserer Augenblick für mich, Euch wiederzusehen, als dieser. Wir sänken uns, im Gefühl des allgemeinen Elends, an die Brust, vergäßen, und verziehen einander, und liebten uns, der letzte Trost, in der Tat, der dem Menschen in so fürchterlichen Augenblicken übrig bleibt. Es wäre schrecklich, wenn dieser Wüterich sein Reich gründete. Nur ein sehr kleiner Teil der Menschen begreift, was für ein Verderben es ist, unter seine Herrschaft zu kommen. Wir sind die unterjochten Völker der Römer. Es ist auf eine Ausplünderung von Europa abgesehen, um Frankreich reich zu machen. Doch, wer weiß, wie es die Vorsicht lenkt. Adieu, meine teuerste Ulrike, ich küsse Dir die Hand. Zweifle niemals an meiner Liebe und Verehrung. Empfiehl mich allen meinen teuren Anverwandten, und antworte mir bald auf diesen Brief. H. v. Kleist.

[Königsberg,] den 24. [Oktober 1806]

(aus: Heinrich von Kleist: Sämtliche Werke und Briefe.
2 Bände. Sembdner, Helmut (Hrsg.), München (Hanser) 1965. Bd. II, S. 770 f.)

Material 3 Suchanzeigen

Aldi Schildgen
27. 8. 98 – ca. 17.30 Uhr
GL – J█ ...
schwarzer Daihatsu
Mehrere nette Blickkontakte,
Wiedersehen/Treffen/Kennenlernen möglich?
Zuschriften unter Chiffre-Nr. 12 █
an bergisches handelsblatt, Postfach 20 01 29,
51431 Bergisch Gladbach

(aus: bergisches handelsblatt Nr. 36, 2. September 1998, S. 49)

Do. 3. 9., 23.00, Rudolfplatz vor McDonald's
Du: bl. Jeans, blauweißkariertes Hemd,
Rucksack, zur U-Bahn gehend?!
Ich: schwarz/Nadelstreifen, blond.
Wiedersehen?
Fr█@aol.com.
✉ MD 43█KStA, 50590 Köln

(aus: Kölner Stadt-Anzeiger Nr. 206, 5./6. September 1998, S. 34)

Material 4 Zum Begriff der Identität

Ich *(ego, me, proprium)*. [1] Allgemeine Bezeichnung für ein angenommenes »Innerstes«, für den »Kern« oder die »Struktur« der → *Persönlichkeit*. Diese Annahme kann sich (a) auf die Gesamtheit all dessen beziehen, was einem Individuum an und von sich selbst »bewußt« wird, wobei eine bestimmte Ordnung der einzelnen »Inhalte« oder »Bezugspunkte« als gegeben angesehen wird. Sie kann sich (b) auch vorwiegend auf bewußte und unbewußte Arten und Formen der *Orientierung* in bezug auf bestimmte Gegebenheiten beziehen (z. B. *Interessen,* sozialer *Status; Bedürfnisse* und *Wünsche*). [2] Das dynamische, steuernde und wertende Organisationsprinzip, das Erlebnisse und Handlungen des Individuums bestimmt.

[3] In der Psychoanalyse (FREUD) eine der drei Persönlichkeitsinstanzen (neben dem → Es und → Überich), die sich durch die sozialen Erfahrungen des Individuums herausbildet und im Sinne des → Realitätsprinzips eine das Verhalten kontrollierende Funktion ausübt. Die Funktion des »Ich« kann als weitgehend passiv bezeichnet werden.

Identität *(identity; personal identity, personality identity).* [1] Vollständige Übereinstimmung in allen Einzelheiten.

[2] Bezeichnung für eine auf relativer Konstanz von Einstellungen und Verhaltenszielen beruhende, relativ überdauernde Einheitlichkeit in der Betrachtung seiner selbst oder anderer.

(aus: James Drewer/Werner D. Fröhlich: dtv-Wörterbuch zur Psychologie, München, 3. Aufl. 1970, S. 137 und S. 138)

[…] Diese Identität von etwas im Kern des Individuums Angelegtem und einem wesentlichen Aspekt des inneren Zusammenhalts der Gruppe soll also der Gegenstand unserer Untersuchung sein; denn der junge Mensch muß lernen, dort am meisten er selbst zu sein, wo er auch in den Augen der anderen am meisten bedeutet – jener anderen natürlich, die wieder für ihn die höchste Bedeutung erlangt haben. Der Begriff »Identität« drückt also insofern eine wechselseitige Beziehung aus, als er sowohl ein dauerndes inneres Sich-Selbst-Gleichsein wie ein dauerndes Teilhaben an bestimmten gruppenspezifischen Charakterzügen umfaßt. […]

Ist das Identitätsgefühl bewußt? Zeitweise ist es das natürlich nur allzu sehr. Zwischen den Zangen vitaler innerer Bedürfnisse und unerbittlicher äußerer Forderungen kann der noch experimentierende junge Mensch in eine zeitweilig extreme Identitäts-Bewußtheit verfallen, die den vielen, für den Jugendlichen so typischen Formen von Selbstbewußtheit zugrunde liegt. Wenn sich der Prozeß der Identitätsbildung in die Länge zieht (was gelegentlich ein schöpferischer Gewinn sein kann), dauert auch die Beschäftigung mit dem »Selbst-Bildnis« an. Man ist sich seiner Identität am bewußtesten, wenn man sie eben erst zu gewinnen im Begriff steht und gewissermaßen überrascht seine eigene Bekanntschaft macht; das gleiche Gefühl entsteht, wenn man gerade auf eine Krise zusteuert und das peinliche Erlebnis der Identitätsdiffusion hat […].

(aus: Erik H. Erikson: Identität und Lebenszyklus. Drei Aufsätze. Frankfurt/M., 5. Aufl. 1979, S. 124 und S. 147)

Brief an die Braut Wilhelmine von Zenge (über die Rollen von Mann und Frau) **Material 5**

[…] Gesetzt, Du fragtest mich, *welcher von zwei Eheleuten, deren jeder seine Pflichten gegen den andern erfüllt, am meisten bei dem früheren Tode des andern verliert;* so würde alles, was in meiner Seele vorgeht, ohngefähr in folgender Ordnung aneinander hangen.

Zuerst fragt mein Verstand: *was willst Du?* das heißt, mein Verstand will den Sinn Deiner Frage begreifen. Dann fragt meine Urteilskraft: *worauf kommt es an?* das heißt, meine Urteilskraft will den Punkt der Streitigkeit auffinden. Zuletzt fragt meine Vernunft: *worauf läuft das hinaus?* das heißt, meine Vernunft will aus dem Vorangehenden das Resultat ziehen.

Zuerst stellt sich also mein Verstand den Sinn Deiner Frage deutlich vor, und findet, daß Du Dir zwei Eheleute denkst, deren jeder für den andern tut, was er seiner Natur nach vermag; daß Du also voraussetzest, jeder verliere bei dem Tode des andern *etwas,* und daß Du endlich eigentlich nur wissen willst, auf wessen Seite das Übergewicht des Verlustes befindlich ist.

Nun stellt sich meine Urteilskraft an die Quelle der Streitigkeit, und fragt: was tut denn eigentlich jeder der beiden Eheleute, seiner Natur nach, für den andern; und wenn sie dieses gefunden hat, so vergleicht sie das, was beide für einander tun, und bestimmt daraus, wer von beiden am meisten für den andern tut. Da findet nun die Urteilskraft zuerst, daß der Mann nicht bloß der Mann seiner Frau, sondern auch noch ein Bürger des Staates, die Frau hingegen nichts als die Frau ihres Mannes ist; daß der Mann nicht bloß Verpflichtungen gegen seine Frau, sondern auch Verpflichtungen gegen sein Vaterland, die Frau hingegen keine andern Verpflichtungen hat, als Verpflichtungen gegen ihren Mann; daß folglich das Glück des Weibes zwar ein wichtiger und unerläßlicher, aber nicht der *einzige* Gegenstand des Mannes, das Glück des Mannes hingegen der *alleinige* Gegenstand der Frau ist; daß daher der Mann *nicht mit allen* seinen Kräften für seine Frau, die Frau hingegen mit ihrer *ganzen Seele* für den Mann wirkt; daß die Frau, in der Erfüllung der Hauptpflichten ihres Mannes, nichts empfängt, als Schutz gegen Angriffe auf Ehre und Sicherheit, und Unterhalt für die Bedürfnisse ihres Lebens, der Mann hingegen, in der Erfüllung der Hauptpflichten seiner Frau, die ganze Summe seines häuslichen, das heißt überhaupt, *alles* Glückes von ihr empfängt; daß zuletzt der Mann nicht immer glücklich ist, wenn es die Frau ist, die Frau hingegen immer glücklich ist, wenn der Mann glücklich ist, und daß also das Glück des Mannes eigentlich der Hauptgegenstand des Bestrebens beider Eheleute ist. Aus der Vergleichung dieser Sätze bestimmt nun die Urteilskraft, daß der Mann bei weitem, ja unendlich mehr von seiner Frau empfängt, als die Frau von ihrem Manne.

Nun übernimmt die Vernunft das letzte Geschäft, und zieht aus jenem letzten Satze den natürlichen Schluß, daß derjenige, der am meisten empfängt, auch am meisten verlieren müsse, und daß folglich, da der Mann unendlich mehr empfängt, als die Frau, er auch unendlich mehr bei dem Tode derselben verlieren müsse, als die Frau bei dem Tode ihres Mannes.

Auf diesem Wege wäre ich also durch eine Reihe von Gedanken, deren jeden ich, ehe ich mich an die Ausführung des Ganzen wage, auf einem Nebenblatte aufzuschreiben pflege, auf das verlangte Resultat gekommen und es bleibt mir nun nichts übrig, als die zerstreuten Gedanken in ihrer Verknüpfung von Grund und Folge zu ordnen und dem Aufsatze die Gestalt eines abgerundeten, vollständigen Ganzen zu geben.

Das würde nun ohngefähr auf diese Art am besten geschehen:

»Der Mann ist nicht bloß der Mann seiner Frau, er ist auch ein Bürger des Staates; die Frau hingegen ist nichts, als die Frau ihres Mannes; der Mann hat nicht bloß Verpflichtungen gegen seine Frau, er hat auch Verpflichtungen gegen sein Vaterland; die Frau hingegen hat keine andern Verpflichtungen, als Verpflichtungen gegen ihren Mann; das Glück des Weibes ist zwar ein *unerläßlicher,* aber nicht der *einzige* Gegenstand des Mannes, ihm liegt auch das Glück seiner Landsleute am Herzen; das Glück des Mannes hingegen ist *der einzige* Gegenstand der Frau; der Mann ist nicht mit allen seinen Kräften für seine Frau tätig, er gehört ihr nicht ganz, nicht ihr allein, denn auch die Welt macht Ansprüche auf ihn und seine Kräfte; die Frau hingegen ist mit ihrer ganzen Seele für ihren Mann tätig; sie gehört niemandem an, als ihrem Manne, und sie gehört ihm *ganz* an; die Frau endlich, empfängt, wenn der Mann seine Hauptpflichten erfüllt, nichts von ihm, als Schutz gegen Angriff auf Ehre und Sicherheit, und Unterhalt für die Bedürfnisse ihres Lebens, der Mann hingegen empfängt, wenn die Frau ihre Hauptpflichten erfüllt, die ganze Summe seines irdischen Glückes; die Frau ist schon glücklich, wenn es der Mann nur ist, der Mann nicht immer, wenn es die Frau ist, und die Frau muß ihn erst glücklich machen. Der Mann empfängt also unendlich mehr von seiner Frau, als umgekehrt die Frau von ihrem Manne. Folglich verliert auch der Mann unendlich mehr bei dem Tode seiner Frau, als diese umgekehrt bei dem Tode ihres Mannes. Die Frau verliert nichts als den Schutz gegen Angriffe auf Ehre und Sicherheit, und Unterhalt für die Bedürfnisse ihres Lebens; das erste findet sie in den Gesetzen wieder, oder der Mann hat es ihr in Verwandten, vielleicht in erwachsenen Söhnen hinterlassen; das andere kann sie auch als Hinterlassenschaft von ihrem Manne erhalten haben. Aber wie will die Frau dem Manne hinterlassen, was er bei ihrem Tode verliert? Er verliert die ganze Inbegriff seines irdischen Glückes, ihm ist, mit der Frau, die Quelle alles Glückes versiegt, ihm fehlt alles, wenn ihm eine Frau fehlt, und alles, was die Frau ihm hinterlassen kann, ist das wehmütige Andenken an ein ehemaliges Glück, das seinen Zustand noch um so trauriger macht.«

[Frankfurt a. d. Oder] den 30. [Mai 1800]

(aus: Heinrich von Kleist: Sämtliche Werke und Briefe.
2 Bände. Sembdner, Helmut (Hrsg.), München (Hanser) 1965. Bd. II, S. 506 ff.)

Sigmund Freud: Der psychische Apparat

Material
6

Die Psychoanalyse macht eine Grundvoraussetzung, deren Diskussion philosophischem Denken vorbehalten bleibt, deren Rechtfertigung in ihren Resultaten liegt. Von dem, was wir unsere Psyche (Seelenleben) nennen, ist uns zweierlei bekannt, erstens das körperliche Organ und Schauplatz desselben, das Gehirn (Nervensystem), anderseits unsere Bewußtseinsakte, die unmittelbar gegeben sind und uns durch keinerlei Beschreibung näher gebracht werden können. Alles dazwischen ist uns unbekannt, eine direkte Beziehung zwischen beiden Endpunkten unseres Wissens ist nicht gegeben. Wenn sie bestünde, würde sie höchstens eine genaue Lokalisation der Bewußtseinsvorgänge liefern und für deren Verständnis nichts leisten.
Unsere beiden Annahmen setzen an diesen Enden oder Anfängen unseres Wissens an. Die erste betrifft die Lokalisation. Wir nehmen an, daß das Seelenleben die Funktion eines Apparates ist, dem wir räumliche Ausdehnung und Zusammensetzung aus mehreren Stücken zuschreiben, den wir uns also ähnlich vorstellen wie ein Fernrohr, ein Mikroskop u. dgl. Der konsequente Ausbau einer solchen Vorstellung ist ungeachtet gewisser bereits versuchter Annäherung eine wissenschaftliche Neuheit.
Zur Kenntnis dieses psychischen Apparates sind wir durch das Studium der individuellen Entwicklung des menschlichen Wesens gekommen. Die älteste dieser psychischen Provinzen oder Instanzen nennen wir das Es; sein Inhalt ist alles, was ererbt, bei Geburt mitgebracht, konstitutionell festgelegt ist, vor allem also die aus der Körperorganisation stammenden Triebe, die hier einen ersten uns in seinen Formen unbekannten psychischen Ausdruck finden[1].
Unter dem Einfluß der uns umgebenden realen Außenwelt hat ein Teil des Es eine besondere Entwicklung erfahren. Ursprünglich als Rindenschicht mit den Organen zur Reizaufnahme und den Einrichtungen zum Reizschutz ausgestattet, hat sich eine besondere Organisation hergestellt, die von nun an zwischen Es und Außenwelt vermittelt. Diesem Bezirk unseres Seelenlebens lassen wir den Namen des Ichs.
Die hauptsächlichen Charaktere des Ich. Infolge der vorgebildeten Beziehung zwischen

Sinneswahrnehmung und Muskelaktion hat das Ich die Verfügung über die willkürlichen Bewegungen. Es hat die Aufgabe der Selbstbehauptung, erfüllt sie, indem es nach außen die Reize kennenlernt, Erfahrungen über sie aufspeichert (im Gedächtnis), überstarke Reize vermeidet (durch Flucht), mäßigen Reizen begegnet (durch Anpassung) und endlich lernt, die Außenwelt in zweckmäßiger Weise zu seinem Vorteil zu verändern (Aktivität); nach innen gegen das Es, indem es die Herrschaft über die Triebansprüche gewinnt, entscheidet, ob sie zur Befriedigung zugelassen werden sollen, diese Befriedigung auf die in der Außenwelt günstigen Zeiten und Umstände verschiebt oder ihre Erregungen überhaupt unterdrückt. In seiner Tätigkeit wird es durch die Beachtungen der in ihm vorhandenen oder in dasselbe eingetragenen Reizspannungen geleitet. Deren Erhöhung wird allgemein als *Unlust,* deren Herabsetzung als *Lust* empfunden. Wahrscheinlich sind es aber nicht die absoluten Höhen dieser Reizspannung, sondern etwas im Rhythmus ihrer Veränderung, was als Lust und Unlust empfunden wird. Das Ich strebt nach Lust, will der Unlust ausweichen. Eine erwartete, vorausgesehene Unluststeigerung wird mit dem *Angstsignal* beantwortet, ihr Anlaß, ob er von außen oder innen droht, heißt eine *Gefahr.* Von Zeit zu Zeit löst das Ich seine Verbindung mit der Außenwelt und zieht sich in den Schlafzustand zurück, in dem es seine Organisation weitgehend verändert. Aus dem Schlafzustand ist zu schließen, daß diese Organisation in einer besonderen Verteilung der seelischen Energie besteht.

Als Niederschlag der langen Kindheitsperiode, während der der werdende Mensch in Abhängigkeit von seinen Eltern lebt, bildet sich in seinem Ich eine besondere Instanz heraus, in der sich dieser elterliche Einfluß fortsetzt. Sie hat den Namen des *Über-Ichs* erhalten. Insoweit dieses Über-Ich sich vom Ich sondert und sich ihm entgegenstellt, ist es eine dritte Macht, der das Ich Rechnung tragen muß.

Eine Handlung des Ichs ist dann korrekt, wenn sie gleichzeitig den Anforderungen des Es, des Über-Ichs und der Realität genügt, also deren Ansprüche miteinander zu versöhnen weiß. Die Einzelheiten der Beziehung zwischen Ich und Über-Ich werden durchwegs aus der Zurückführung auf das Verhältnis des Kindes zu seinen Eltern verständlich. Im Elterneinfluß wirkt natürlich nicht nur das persönliche Wesen der Eltern, sondern auch der durch sie fortgepflanzte Einfluß von Familien-, Rassen- und Volkstradition sowie die von ihnen vertretenen Anforderungen des jeweiligen sozialen Milieus. Ebenso nimmt das Über-Ich im Laufe der individuellen Entwicklung Beiträge von seiten späterer Fortsetzer und Ersatzpersonen der Eltern auf, wie Erzieher, öffentlicher Vorbilder, in der Gesellschaft verehrter Ideale. Man sieht, daß Es und Über-Ich bei all ihrer fundamentalen Verschiedenheit die eine Übereinstimmung zeigen, daß sie die Einflüsse der Vergangenheit repräsentieren, das Es den der ererbten, das Über-Ich im wesentlichen den der von anderen übernommenen, während das Ich hauptsächlich durch das selbst Erlebte, also Akzidentelle und Aktuelle bestimmt wird.

Dies allgemeine Schema eines psychischen Apparates wird man auch für die höheren, dem Menschen seelisch ähnlichen Tiere gelten lassen. Ein Über-Ich ist überall dort anzunehmen, wo es wie beim Menschen eine längere Zeit kindlicher Abhängigkeit gegeben hat. Eine Scheidung von Ich und Es ist unvermeidlich anzunehmen.

Die Tierpsychologie hat die interessante Aufgabe, die sich hier ergibt, noch nicht in Angriff genommen.

---

[1] Dieser älteste Teil des psychischen Apparates bleibt durchs ganze Leben der wichtigste. An ihm hat auch die Forschungsarbeit der Psychoanalyse eingesetzt.

(aus: Sigmund Freud: Abriß der Psychoanalyse. Das Unbehagen in der Kultur, Frankfurt/Main (Fischer) 1953, S. 9–11)

Anhang

Anmerkungen

[1] Vgl. Hedwig Appelt/Dirk Grathoff (Hrsg.): Heinrich von Kleist. *Das Erdbeben in Chili.* Erläuterungen und Dokumente. Stuttgart (Reclam) 1986, S. 37 ff.

[2] Johann Wolfgang Goethe: Werke. Hrsg. von Erich Trunz. 14 Bde. (Hamburger Ausgabe). München (Beck) ⁹1981. Bd. IX: Autobiographische Schriften I, S. 29 ff.

[3] Gottfried Wilhelm Leibniz: Philosophische Schriften. Bd. II, Hrsg. und übers. von Herbert Herring. Darmstadt (Wissenschaftliche Buchgesellschaft) 1985, S. 69.

[4] Leibniz, a.a.O., S. 219.

[5] Leibniz, a.a.O., S. 139.

[6] Vgl. Leibniz, a.a.O., S. 241 ff.

[7] Zit. nach Harald Weinrich: Literaturgeschichte eines Weltereignisses. Das Erdbeben von Lissabon. In: H. W.: Literatur für Leser. Essays und Aufsätze zur Literaturwissenschaft. Stuttgart (Kohlhammer) 1971, S. 64–76; Zitat: S. 67.

[8] Vgl. Weinrich, a.a.O., S. 67.

[9] Vgl. Weinrich, a.a.O., S. 69.

[10] Zit. nach Appelt/Grathoff: Erläuterungen und Dokumente, a.a.O., S. 55. f.

[11] Zit. nach Appelt/Grathoff, a.a.O., S. 61.

[12] Zit. nach Appelt/Grathoff, a.a.O., S. 61.

[13] Zit. nach Appelt/Grathoff, a.a.O., S. 63.

[14] Zit. nach Appelt/Grathoff, a.a.O., S. 63.

[15] Zit. nach Appelt/Grathoff, a.a.O., S. 64.

[16] Weinrich, a.a.O., S. 75.

[17] Voltaire d. i. François Marie Arouet: *Candid oder Die Beste der Welten.* Stuttgart (Reclam) 1971, S. 13.

[18] Voltaire, a.a.O., S. 13.

[19] Voltaire, a.a.O., S. 17.

[20] Voltaire, a.a.O., S. 18.

[21] Voltaire, a.a.O., S. 18.

[22] Voltaire, a.a.O., S. 105.

[23] Voltaire, a.a.O., S. 105.

[24] Immanuel Kant: Gesammelte Schriften. Hrsg. von der Königlich Preußischen Akademie der Wissenschaften. Erste Abteilung: Werke, Bd. I: Vorkritische Schriften I: 1747–1756. Berlin (Reimer) 1910, S. 429–461; Zitat: S. 443.

[25] Kant, a.a.O., S. 437.

[26] Kant, a.a.O., S. 460.

[27] Kant, a.a.O., S. 456.

[28] Kant, a.a.O., S. 460.

[29] Helmut Koopmann: Freiheitssonne und Revolutionsgewitter. Reflexe der Französischen Revolution im literarischen Deutschland zwischen 1789 und 1840. Tübingen (Niemeyer) 1989, S. 93–122.

[30] Helmut J. Schneider: Der Zusammensturz des Allgemeinen [Sozialgeschichtliche Werkinterpretation]. In: David E. Wellbery (Hrsg.): Positionen der Literaturwissenschaft. Acht Modellanalysen am Beispiel von Kleists *Das Erdbeben in Chili.* München (Beck) ²1987, S. 110–129; Zitat: S. 115.

[31] Vgl. Michael Moering: Witz und Ironie in der Prosa Heinrich von Kleists. München (Fink) 1972, S. 138 f.

[32] So hatte Kleist sich ein Jahr zuvor auch über Berlin geäußert. Vgl. II, 517.

[33] Dirk Grathoff: Heinrich von Kleist und Napoleon Bonaparte. Der Furor Teutonicus und die ferne Revolution. In: Harro Zimmermann (Hrsg.): Schreckensmythen – Hoffnungsbilder. Die Französische Revolution in der deutschen Literatur. Essays. Frankfurt/M. (athenäum) 1989, S. 81–105; Zitat: S. 98.

[34] Einen ausführlichen Überblick gibt Claude David: Kleist und Frankreich. In: Walter Müller-Seidel (Hrsg.): Kleist und Frankreich. Berlin (Schmidt) 1969, S. 9–26. Neuerdings findet sich eine detaillierte Darstellung des Kleist'schen Frankreichbildes bei Gonthier-Louis Fink: Zwischen Frankfurt an der Oder und Paris. Variationen des Deutschland- und Frankreichbildes des jungen Kleist. In: Kleist-Jahrbuch 1997, S. 97–125. Zu Kleists Einstellung zu Napoleon vgl. auch einen Brief an die Halbschwester Ulrike vom 24. 10. 1806. (Siehe Mat. 2 dieser Arbeit.)

[35] Vgl. dazu Adolf Haslinger: Vom Humanismus zum Barock. In: Karl Konrad Polheim (Hrsg.): Handbuch der deutschen Erzählung. Düsseldorf (Bagel) 1981, S. 37–55.

[36] Karl Otto Conrady: Das Moralische in Kleists Erzählungen. Ein Kapitel vom Dichter ohne Gesellschaft. In: Walter Müller-Seidel (Hrsg.): Heinrich von Kleist. Aufsätze und Essays. Darmstadt (Wissenschaftliche Buchgesellschaft) 1967, S. 707–735 (= Wege der Forschung CXLVII).

[37] Jürgen Jacobs: Die deutsche Erzählung im Zeitalter der Aufklärung. In: Karl Konrad Polheim (Anm. 35), S. 56–71; Zitat: S. 65.

[38] Vgl. zum Folgenden Gisela Schlüter: Kleist und Marmontel. Nochmals zu Kleist und Frankreich. In: arcadia, Bd. 24 (1989), S. 13–24.

[39] Zit. nach Schlüter, a.a.O., S. 14.

40 Schlüter, a.a.O., S. 22.

41 Schlüter, a.a.O., S. 14.

42 Vgl. Hermann Pongs: Das Bild in der Dichtung. Bd. II: Voruntersuchungen zum Symbol. Marburg (Elwert) ²1963, S. 152.

43 Friedrich A. Kittler: Ein Erdbeben in Chili und Preußen [Diskursanalyse]. In: David E. Wellbery (Anm. 30), S. 24–38; Zitat: S. 25.

44 Appelt/Grathoff, (Anm. 1), S. 89.

45 Karl Otto Conrady: Kleists ERDBEBEN IN CHILI. Ein Interpretationsversuch. In: GRM. N. F., Bd. IV (1954), S. 185–195; Zitat: S. 185.

46 Karlheinz Stierle: Das Beben des Bewußtseins. Die narrative Struktur von Kleists DAS ERDBEBEN IN CHILI. [Kommunikationstheorie/Pragmatik]. In: David E. Wellbery (Anm. 30), S. 54–68; Zitat: S. 56.

47 Vgl. Eberhard Lämmert: Bauformen des Erzählens. Stuttgart (Metzler) 1955, S. 104 ff.

48 Vgl. dazu das Kapitel »Leitmotive und Symbole«, S. 59 ff.

49 Conrady: ERDBEBEN, S. 187.

50 Thomas E. Bourke: Vorsehung und Katastrophe. Voltaires POÈME SUR LE DÉSASTRE DE LISBONNE und Kleists ERDBEBEN IN CHILI. In: Karl Richter/Jörg Schönert (Hrsg.): Klassik und Moderne. Die Weimarer Klassik als historisches Ereignis und Herausforderung im kulturgeschichtlichen Prozeß. Stuttgart (Metzler) 1983, S. 228–253; vgl. S. 228 f.

51 Conrady: ERDBEBEN, S. 187.

52 Ernst Robert Curtius: Europäische Literatur und lateinisches Mittelalter. Bern und München (Francke) ⁸1973, S. 202.

53 Conrady: ERDBEBEN, S. 189.

53a Eva-Maria Anker-Mader weist darauf hin, dass die Denunziation […] dies ist Jeronimo Rugera, ihr Bürger, denn ich bin sein eigener Vater! (67) geradezu eine perverse Parodie der Taufe Jesu darstellt. In Matthäus 3, 17 heißt es nämlich: Und siehe, eine Stimme vom Himmel herab sprach: ›Dies ist mein lieber Sohn, an welchem ich Wohlgefallen habe.‹ Eva-Maria Anker-Mader: Kleists Familienmodelle – Im Spannungsfeld zwischen Krise und Persistenz. München (Fink) 1992, S. 46.

54 Benno von Wiese: Heinrich von Kleist. DAS ERDBEBEN IN CHILI. In: B. v. W.: Die deutsche Novelle von Goethe bis Kafka. Interpretationen. Düsseldorf (Bagel) 1965, S. 53–70; Zitat: S. 68.

55 Bernhard Böschenstein: Die Transfiguration Rousseaus in der deutschen Dichtung um 1800: Hölderlin – Jean Paul – Kleist. In: Jahrbuch der Jean-Paul-Gesellschaft Jg. 1 (1966), S. 101–116; Zitat: S. 116.

56 Susanne Ledanff: Kleist und die »beste aller Welten«. DAS ERDBEBEN IN CHILI – gesehen im Spiegel der philosophischen und literarischen Stellungnahmen zur Theodizee im

18. Jahrhundert. In: Kleist-Jahrbuch 1986, S. 125–155; Zitat: S. 143 f.

57 Johann Gottfried Herder: IDEEN ZUR PHILOSOPHIE DER GESCHICHTE DER MENSCHHEIT. In: Johann Gottfried Herder: Werke in zehn Bänden. Bd. 6, S. 9–898. Bollacher, M. (Hrsg.). Frankfurt/Main (Deutscher Klassiker Verlag) 1989; Zitat: S. 32.

58 Albrecht von Haller: ÜBER DEN URSPRUNG DES ÜBELS. In: Adalbert Elschenbroich (Hrsg.): Deutsche Dichtung im 18. Jahrhundert. München (Hanser) 1960, S. 36–44; Zitat: S. 44.

59 Vgl. Hans Joachim Kreutzer: Die dichterische Entwicklung Heinrichs von Kleist. Untersuchungen zu seinen Briefen und zur Chronologie und Aufbau seiner Werke. Berlin (Schmidt) 1968, S. 70.

60 Bernhard Sowinski: Deutsche Stilistik. Beobachtungen zur Sprachverwendung und Sprachgestaltung im Deutschen. Frankfurt/M. (Fischer) 1988, S. 269.

61 Norbert Altenhofer: Der erschütterte Sinn. Hermeneutische Überlegungen zu Kleists DAS ERDBEBEN IN CHILI. In: David E. Wellbery (Anm. 30), S. 39–53; Zitat: S. 51.

62 Werner Hamacher: Das Beben der Darstellung. In: David E. Wellbery (Anm. 30), S. 149–173; Zitat: S. 156.

63 Lendanff, a.a.O., S. 125.

64 Bernd Fischer: Ironische Metaphysik. Die Erzählungen Heinrich von Kleists. München (Fink) 1988, S. 34.

65 Hermann Pongs: Das Bild in der Dichtung, Bd. II, S. 152 f.

66 Hamacher, a.a.O., S. 172.

67 Hamacher, a.a.O., S. 163.

68 Peter Horn: Heinrich von Kleists Erzählungen. Eine Einführung. Königstein/Ts. (Scriptor) 1978, S. 121.

69 Hamacher, a.a.O., S. 163.

70 Hamacher, a.a.O., S. 168.

71 Hamacher, a.a.O., S. 169.

72 Hamacher, a.a.O., S. 169.

73 Hamacher, a.a.O., S. 171. Eine fundierte Untersuchung dieser Thematik bietet Hans-Jürgen Schrader: Spuren Gottes in den Trümmern der Welt. Zur Bedeutung biblischer Bilder in Kleists ERDBEBEN IN CHILI. In: Kleist-Jahrbuch 1991, S. 34–52.

74 Altenhofer, a.a.O., S. 52.

75 Dagmar C. G. Lorenz: Väter und Mütter in der Sozialstruktur von Kleists ERDBEBEN IN CHILI. Etudes Germaniques 33 (1978), S. 270–281; Zitat: S. 275.

76 Hans H. Hiebel: Reflexe des französischen Revolution in Kleists Erzählungen. In: Les Romantiques allemands et la Révolution française – Die deutsche Romantik und die französische Revolution. Colloque international organisé par le Centre de Recherches »Images de L'Etranger«. Straßburg (Gont-

hier-Louis Fink) 1989, S. 253–265; Zitat: S. 257.

[77] Gonthier-Louis Fink: Das Motiv der Rebellion in Kleists Werk im Spannungsfeld der Französischen Revolution und der Napoleonischen Kriege. In: Kleist-Jahrbuch 1988/89, Berlin (Erich Schmidt) 1988, S. 64–88; Zitat: S. 70.

[78] Conrady (Anm. 36), S. 719.

[79] Conrady, a.a.O., S. 730.

[80] Conrady, a.a.O., S. 721.

[81] Vgl. Helmut J. Schneider (Anm. 30), S. 117.

[82] Helmut J. Schneider, a.a.O., S. 117.

[83] Lorenz, a.a.O., S. 278.

[84] Altenhofer, a.a.O., S. 49.

[85] Wellbery (Anm. 30), S. 78.

[86] Helmut J. Schneider, a.a.O., S. 122.

[87] Josef Kunz: Die Gestaltung des tragischen Geschehens in Kleists ERDBEBEN IN CHILI. In: Festschrift für Christian Wegner, Hamburg (Christian Wegner) 1963, S. 145–170; Zitat: S. 158.

[88] Kunz, a.a.O., S. 158.

[89] Kunz, a.a.O., S. 165.

[90] Vgl. Wiese (Anm. 54), S. 59.

[91] Stierle (Anm. 46), S. 61.

[92] Bernd Fischer: Ironische Metaphysik. Die Erzählungen Heinrich von Kleists. München (Fink) 1988, S. 22.

[93] Walter Silz: DAS ERDBEBEN IN CHILI. In: Heinrich von Kleist. Aufsätze und Essays. Müller-Seidel, W. (Hrsg.). Darmstadt (Wissenschaftliche Buchgesellschaft) 1967, S. 351–366; Zitat: S. 352.

[94] Aus feministischer Sicht ist diese Problematik ausführlich dargestellt bei Marjorie Gelus: Josephe und die Männer. Klassen- und Geschlechteridentität in Kleists ERDBEBEN IN CHILI. In: Kleist-Jahrbuch 1994, S. 118–140.

[95] Wolfgang Wittkowski: Skepsis, Noblesse, Ironie. Formen des Als-ob in Kleists ERDBEBEN. Euphorion. Zeitschrift für Literaturgeschichte 63 (1969), S. 247–283; Zitat: S. 264.

[96] Wittkowski, a.a.O., S. 264.

[97] Wittkowski, a.a.O., S. 265.

[98] Wittkowski, a.a.O., S. 273.

[99] Wittkowski, a.a.O., S. 280.

[100] Anthony Stephens: Kleists Familienmodelle. In: Kleist-Jahrbuch 1988/89. Berlin (Erich Schmidt) 1988, S. 222–237; Zitat: S. 223.

[101] Wolfgang Kayser: Kleist als Erzähler. In: Kayser, W., Vortragsreise. Studien zur Literatur. Bern (Francke) 1958, S. 169–183; Zitat: S. 172.

[102] Wittkowski, a.a.O, S. 252.

[103] Kittler (Anm. 43), S. 34.

[104] Kittler, a.a.O., S. 35.

[105] Kittler, a.a.O., S. 35.

[106] Fischer, a.a.O., S. 30.

[107] Fischer, a.a.O., S. 30.

[108] Fischer, a.a.O., S. 31.

[109] Fischer, a.a.O., S. 36.

[110] Fischer, a.a.O., S. 32.

[111] Fink, a.a.O., S. 84.

[112] Horn (Anm. 68), S. 124 f.

[113] Zur im Folgenden gebrauchten erzähltechnischen Terminologie vgl. Jochen Vogt: Aspekte erzählender Prosa. Eine Einführung in Erzähltechnik und Romantheorie. Opladen (Westdeutscher Verlag) 71990.

[114] Kayser, a.a.O., S. 170.

[115] Kayser, a.a.O., S. 171.

[116] Kayser, a.a.O., S. 172.

[117] Vgl. Fischer, a.a.O., S. 32.

[118] Jochen Schmidt: Heinrich von Kleist. Studien zu seiner poetischen Verfahrensweise. Tübingen (Niemeyer) 1974, S. 57.

[119] Fischer, a.a.O., S. 37.

[120] Karl Ludwig Schneider: Heinrich von Kleist. Über ein Ausdrucksprinzip seines Stils. Libris et Litteris. Festschrift für H. Tiemann. Hamburg 1959, S. 258–271; vgl. S. 258.

[121] Emil Staiger: Heinrich von Kleist DAS BETTELWEIB VON LOCARNO. Zum Problem des dramatischen Stils. In: Heinrich von Kleist. Aufsätze und Essays. Müller-Seidel, W. (Hrsg.). Darmstadt (Wissenschaftliche Buchgesellschaft) 1967, S. 113–129; Zitat: S. 123. – Staiger beschränkt sich leider nur auf den Stil, hält alle anderen Aspekte für irrelevant.

[122] Staiger, a.a.O., S. 118.

[123] Conrady, ERDBEBEN (Anm. 45), S. 187.

[124] Vgl. dazu Silz (Anm. 93), S. 356.

[125] Vgl. Schneider, Karl Ludwig, a.a.O., S. 265.

[126] Stierle (Anm. 46), S. 66.

[127] Stierle, a.a.O., S. 66.

[128] Hamacher (Anm. 62), S. 169.

[129] Heinrich von Kleist. Sämtliche Werke und Briefe in vier Bänden. Barth, J.-M., Müller-Salget, K., Ormanns, St., Seeba, H.C.(Hrsg.) (Deutscher Klassiker Verlag); Zitat: Bd. 3, S. 822.

[130] Vgl. Heinrich von Kleist (Anm. 129), a.a.O., S. 813.

[131] Hamacher, a.a.O., S. 154.

[132] Hamacher, a.a.O., S. 155.

[133] Heinrich von Kleists Nachruhm. Eine Wirkungsgeschichte in Dokumenten. Sembdner, H. (Hrsg.). München (dtv) 1977, S. 620 f.

[134] Heinrich von Kleists Lebensspuren. Dokumente und Berichte der Zeitgenossen. Sembdner, H. (Hrsg.). München (dtv) 1969, S. 276.

[135] Lebensspuren, a.a.O., S. 272.

[136] Lebensspuren, a.a.O., S. 273.

[137] Lebensspuren, a.a.O., S. 275.

[138] Nachruhm, a.a.O., S. 219.

[139] Nachruhm, a.a.O., S. 77.

[140] Lebensspuren, a.a.O., S. 279.

[141] Nachruhm, a.a.O., S. 638.

[142] Alfred Estermann: Nacherzählungen Kleistscher Prosa. Texte aus literarischen Zeit-

schriften des Vormärz. In: Text und Kontext. Quellen und Aufsätze zur Rezeptionsgeschichte der Werke Heinrich von Kleists. Kanzog, K. (Hrsg.). Berlin (Erich Schmidt) 1979, S. 72–82; Zitat: S. 72.

[143] Zit. nach Estermann, S. 81.

[144] Zit. nach Appelt/Grathoff (Anm. 1), S. 110 f.

[145] Irmela Schneider: Aktualität im historischen Gewand. Zu Filmen nach Werken von Heinrich von Kleist. In: Literaturverfilmungen. Albersmeier, F.-J. und Roloff, V. (Hrsg.). Frankfurt/Main (Suhrkamp) 1989, S. 99–121; vgl. S. 100.

[146] Zit. nach Appelt/Grathoff, a.a.O., S. 133. – Eingehende Analysen des Films bieten: Hickethier, Knut: Literatur als Film – verfilmte Literatur. Helma Sanders: Das Erdbeben in Chili nach der Novelle von Heinrich von Kleist. In: K. Hickethier und J. Paeck, (Hrsg.): Methoden der Film- und Fernsehanalyse. Stuttgart 1977, S. 63–90. – Stefan Braun: Heinrich von Kleist/Helma Sanders: Das Erdbeben in Chili. Eine vergleichende Analyse der Erzähleingänge von Film und Novelle. In: Erzählstrukturen – Filmstrukturen. Erzählungen Heinrich von Kleists und ihre filmische Realisation. Kanzog, K. (Hrsg.). Berlin (Erich Schmidt) 1981, S. 59–89.

[147] Heinrich von Kleists Lebensspuren: Dokumente und Berichte der Zeitgenossen. Sembdner, H. (Hrsg.). München (dtv) 1969; vgl. S. 147 und S. 191.

[148] Heinrich von Kleist: Sämtliche Werke und Briefe in vier Bänden. Barth, M.-M., Müller-Salget, K., Ormanns, St., Seeba, H. C. (Hrsg.) (Deutscher Klassiker Verlag), zit. nach Bd. 3: Heinrich von Kleist: Erzählungen, Anekdoten, Gedichte, Schriften. Müller-Salget, K. (Hrsg.), S. 771.

[149] Vgl. Kleist, Sämtliche Werke und Briefe in vier Bänden, a.a.O., S. 771 f.

[150] Zit. nach Kleist, Sämtliche Werke und Briefe in vier Bänden, a.a.O., S. 798.

[151] Vgl. Michael Moering: Witz und Ironie in der Prosa Heinrich von Kleists, München (Fink) 1972, S. 249.

[152] Gerhard Fricke: Gefühl und Schicksal bei Heinrich von Kleist. Studien über den inneren Vorgang im Leben und Schaffen des Dichters. Berlin 1929. Unveränderter fotomechanischer Nachdruck der 1. Auflage: Darmstadt (Wissenschaftliche Buchgesellschaft) 1963, S. 137.

[153] Walter Müller-Seidel: Die Struktur des Widerspruchs in Kleists Marquise von O… In: W. M.-S. (Hrsg.): Heinrich von Kleist. Aufsätze und Essays. Darmstadt (Wissenschaftliche Buchgesellschaft) 1967, S. 244–268 (= Wege der Forschung Bd. CXLVII); Zitat: S. 267.

[154] Vgl. Walter Müller-Seidel, a.a.O., S. 250.

[155] Vgl. dazu Clemens Lugowski: Wirklichkeit und Dichtung. Untersuchungen zur Wirklichkeitsauffassung Heinrich von Kleists. Frankfurt/Main 1936, S. 138.

[156] Ernst Bloch: Die Form der Detektivgeschichte und die Philosophie. Ein Vortrag. In: Die Neue Rundschau 71 (1969), S. 665–683; vgl. S. 675.

[157] Hans Joachim Kreutzer: Die dichterische Entwicklung Heinrichs von Kleist. Untersuchungen zu seinen Briefen und zu Chronologie und Aufbau seiner Werke. Berlin (Erich Schmidt) 1968, S. 244.

[158] Manfred Schunicht: Heinrich von Kleist. In: K. K. Polheim (Hrsg.): Handbuch der deutschen Erzählung. Düsseldorf (Bagel) 1981, S. 91–103; Zitat: S. 97.

[159] Klaus Müller-Salget: Das Prinzip der Doppeldeutigkeit in Kleists Erzählungen. In: W. Müller-Seidel (Hrsg.): Kleists Aktualität. Neue Aufsätze und Essays 1966–1978. Darmstadt (Wissenschaftliche Buchgesellschaft) 1981, S. 166–199; Zitat: S. 179.

[160] Vgl. Bernd Fischer (Anm. 92), S. 49.

[161] Karlheinz Fingerhut: Figurenspiel oder politische Allegorie. Deutungsvarianten für den Literaturunterricht zu Heinrich von Kleist, Die Marquise von O… In: Diskussion Deutsch 22 (1991), H. 2, S. 140–161; Zitat: S. 149.

[162] Moering, a.a.O., S. 232.

[163] Moering, a.a.O., S. 233.

[164] Dirk Grathoff: Heinrich von Kleist: Die Marquise von O… Drei Annäherungsversuche an eine komplexe Textstruktur. In: Interpretationen. Erzählungen und Novellen des 19. Jahrhunderts, Bd. 1. Stuttgart (Reclam) 1988, S. 97–131; Zitat: S. 109.

[165] Moering, a.a.O., S. 237.

[166] Vgl. Grathoff, a.a.O., S. 106.

[167] Vgl. Grathoff, a.a.O., S. 98.

[168] Jürgen Habermas: Strukturwandel der Öffentlichkeit. Untersuchungen zu einer Kategorie der bürgerlichen Gesellschaft, Neuwied und Berlin (Luchterhand) [8]1976, S. 61.

[169] Ingeborg Weber-Kellermann: Die deutsche Familie. Versuch einer Sozialgeschichte, Frankfurt am Main (Suhrkamp) 1974, S. 104.

[170] Grathoff, a.a.O., S. 115.

[171] Vgl. Habermas, a.a.O., S. 61 und Weber-Kellermann, a.a.O., S. 107.

[172] Peter Horn: Heinrich von Kleists Erzählungen. Eine Einführung. Königstein/Ts. (Scriptor) 1978, S. 90.

[173] Anthony Stephens: Kleists Familienmodelle. In: Kleist-Jahrbuch 1988/89. Berlin (Erich Schmidt) 1988, S. 222–237; Zitat: S. 236.

[174] Fricke (Anm. 152), S. 136.

[175] Fricke, a.a.O., S. 139.

[176] Fricke, a.a.O., S. 136 f.

[177] Fricke, a.a.O., S. 139.

[178] Müller-Seidel (Anm. 153), S. 266.

[179] Müller-Seidel, a.a.O., S. 262 f.

[180] Müller-Salget (Anm. 159), S. 178.

[181] Fischer (Anm. 160), S. 46.

[182] Vgl. Grathoff (Anm. 164), S. 114.

[183] Vgl. dazu Joachim Pfeiffer: Die zerbrochenen Bilder. Gestörte Ordnungen im Werk Heinrich von Kleists. Würzburg (Königshausen & Neumann) 1989, S. 55.

[184] Jochen Schmidt: Heinrich von Kleist. Studien zu seiner poetischen Verfahrensweise. Tübingen (Niemeyer) 1974, S. 17.

[185] Schmidt, a.a.O., S. 17.

[185a] Die Tatsache, dass die Marquise die Suchanzeige **in die Intelligenzblätter von M …** einschalten lässt, deutet jedenfalls darauf hin, dass sie den Vater ihres Kindes nicht in einer niedrigen sozialen Schicht vermutet. Vgl. Eva-Maria Anker-Mader (Anm. 53 a), S. 89.

[186] Müller-Salget, a.a.O., S. 180.

[187] Fischer, a.a.O., S. 50.

[188] Moering, a.a.O., S. 260.

[189] Müller-Seidel, a.a.O., S. 255.

[190] Moering, a.a.O., S. 283.

[191] Fischer, a.a.O., S. 50.

[192] Vgl. Moering, a.a.O., S. 260.

[193] Müller-Seidel, S. 259 (Hervorhebung nicht von mir; H. K.).

[194] Moering, a.a.O., S. 257.

[195] Horn, a.a.O., S. 89 f.

[196] Horn, a.a.O., S. 95.

[197] Schmidt, a.a.O., S. 59.

[198] Heinz Politzer: Der Fall der Frau Marquise. Beobachtungen zu Kleists *Marquise von O …* In: Heinrich von Kleist. *Die Marquise von O …* Mit Materialien und Bildern zu dem Film von Eric Rohmer. Berthel, W. (Hrsg.). Frankfurt/Main (insel) 1979, S. 55–96; Zitat: S. 68.

[199] Vgl. Fischer, a.a.O., S. 47.

[200] Politzer, a.a.O., S. 71.

[201] Politzer, a.a.O., S. 71.

[202] Joachim Pfeiffer: Die wiedergefundene Ordnung. Literaturpsychologische Anmerkungen zu Kleists *Marquise von O …* In: Jahrbuch für Internationale Germanistik Jg. 19 (1987), S. 36–53; Zitat: S. 238.

[203] Peter Dettmering: Heinrich von Kleist – Zur Psychodynamik seiner Dichtung. Heidelberg (Asanger) 1975, S. 68.

[204] Pfeiffer, a.a.O., S. 240.

[205] Vgl. Moering, a.a.O., S. 253 und S. 272 f.

[206] Dorrit Cohn: Kleists *Marquise von O …*: The problem of knowledge. In: Monatshefte für deutschen Unterricht, deutsche Sprache und Literatur. Vol. LXVII (1975), Nr. 2, S. 129–144; vgl. S. 139.

[207] Josef Kunz: Die deutsche Novelle zwischen Klassik und Romantik. Grundlagen der Germanistik 2 (1966), S. 129.

[208] Kunz, a.a.O., S. 133.

[209] Kunz, a.a.O., S. 134.

[210] Politzer, a.a.O., S. 87.

[211] Politzer, a.a.O., S. 86.

[212] Vgl. Sigmund Freud: Abriß der Psychoanalyse. Das Unbehagen in der Kultur. Mit einer Rede von Thomas Mann als Nachwort. Frankfurt/Main (Fischer) 1953, S. 9 ff. (Siehe Mat. 6 dieser Arbeit.)

[213] Politzer, a.a.O., S. 74.

[214] Politzer, a.a.O., S. 90.

[215] Wolfgang Kayser: Kleist als Erzähler. In: Kayser, W.: Vortragsreise. Studien zur Literatur. Bern (Francke) 1958, S. 169–183; S. 182.

[216] Heinrich von Kleists Nachruhm. Eine Wirkungsgeschichte in Dokumenten. Sembdner, H. (Hrsg.). München (dtv) 1969, S. 394.

[217] Moering (Anm. 151), S. 286.

[218] Moering, a.a.O., S. 257.

[219] Vgl. Moering, a.a.O., S. 277 ff.

[220] Heinrich von Kleists Lebensspuren. Dokumente und Berichte der Zeitgenossen. Sembdner, H. (Hrsg.). München (dtv) 1969, S. 194.

[221] Moering, a.a.O., S. 238.

[222] Moering, a.a.O., S. 265.

[223] Vgl. Moering, a.a.O., S. 252 ff.

[224] Moering, a.a.O., S. 251.

[225] Christiaan L. Hart Nibbrig: Rhetorik des Schweigens. Versuch über den Schatten literarischer Rede. Frankfurt/Main (Suhrkamp), S. 105.

[226] Max Kommerell: Die Sprache und das Unaussprechliche. Eine Betrachtung über Heinrich von Kleist. In: Interpretationen. Bd. II. Deutsche Dramen von Gryphius bis Brecht. Schillemeit, J. (Hrsg.). Frankfurt/Main (Fischer) 1965, S. 185–222; Zitat: S. 200.

[227] Müller-Seidel (Anm. 135), a.a.O., S. 258.

[228] Müller-Seidel, a.a.O., S. 249.

[229] Vgl. Eberhard Lämmert: Bauformen des Erzählens. Stuttgart (Metzler) 1955, S. 104 ff.

[230] Jochen Vogt: Aspekte erzählender Prosa. Eine Einführung in Erzähltechnik und Romantheorie. Opladen (Westdeutscher Verlag), [7]1990, S. 29.

[231] Moering, a.a.O., S. 268.

[232] Kleist: Sämtliche Werke (Anm. 148), a.a.O., S. 789.

[233] Horn, a.a.O., S. 91.

[234] Horn, a.a.O., S. 92.

[235] Moering, a.a.O., S. 268.

[236] Eric Rohmer: Anmerkungen zur Inszenierung. In: Heinrich von Kleist (Anm. 198), S. 111.

[237] Rohmer, a.a.O., S. 112.

[238] Interview mit Eric Rohmer mit Werner Berthel. In: Heinrich von Kleist (Anm. 198), S. 118.

[239] Interview mit Rohmer, a.a.O., S. 119.

[240] Interview mit Rohmer, a.a.O., S. 117.

[241] Zit. nach Irmela Schneider: Aktualität im historischen Gewand. Zu Filmen nach Werken von Heinrich von Kleist. In: Literaturverfilmungen. Albersmeier, F.-J. und Roloff, V. (Hrsg.). Frankfurt/Main (Suhrkamp) 1989, S. 99–121; S. 102.

[242] Thomas Bauermeister: Erzählte und dargestellte Konversation. Der Heiratsantrag des Grafen in Kleists und Eric Rohmers MAR-QUISE VON O… In: Erzählstrukturen – Filmstrukturen. Erzählungen Heinrich von Kleists und ihre filmische Realisation. Kanzog, K. (Hrsg.), S. 90–141; Zitat: S. 92. Zu den Dramatisierungen und Verfilmungen vgl. auch: Heinrich von Kleist. DIE MARQUISE VON O… Erläuterungen und Dokumente. Doering, Sabine (Hrsg.). Stuttgart (Reclam) 1993, S. 93–104.

Literaturverzeichnis (Auswahl)

Primärliteratur

Kleist, Heinrich von: DIE MARQUISE VON O... /DAS ERDBEBEN IN CHILI. Erzählungen. Nachwort von Christian Wagenknecht. Stuttgart (Reclam) 1987 [Nach dieser Ausgabe wird zitiert. Die Seitenzahlen sind in Klammern im Text dieser Interpretation eingefügt.]
Kleist, Heinrich von: Sämtliche Werke und Briefe. 2 Bände. Sembdner, Helmut (Hrsg.), München (Hanser) 1965 [Alle Kleist-Texte außer den beiden hier interpretierten Erzählungen werden nach dieser Ausgabe zitiert; die römische Ziffer gibt den Band an, die arabische Zahl die Seite.]
Kleist, Heinrich von: Sämtliche Werke und Briefe in vier Bänden. Barth, Ilse-Marie, Müller-Salget, Klaus, Offermanns, Stefan und Seeba, Hinrich C. (Hrsg.) (Deutscher Klassiker Verlag). Bd. 3: H. v. K.: Erzählungen, Anekdoten, Gedichte, Schriften. Müller-Salget, Klaus (Hrsg.)

Sekundärliteratur

Allgemein:
Heinrich von Kleist. Aufsätze und Essays. Müller-Seidel, Walter (Hrsg.). Darmstadt (Wissenschaftliche Buchgesellschaft) 1967 (= Wege der Forschung Bd. CXLVII) [Darin bes.: Staiger, Kayser, Müller-Seidel, Silz, Conrady]
Heinrich von Kleists Lebensspuren. Dokumente und Berichte der Zeitgenossen. Sembdner, Helmut (Hrsg.). München (dtv) 1969
Heinrich von Kleists Nachruhm. Eine Wirkungsgeschichte in Dokumenten. Sembdner, Helmut (Hrsg.). München (dtv) 1977
Dettmering, Peter: Heinrich von Kleist – Zur Psychodynamik seiner Dichtung. Heidelberg (Asanger) 1975
Fischer, Bernd: Ironische Metaphysik. Die Erzählungen Heinrich von Kleists. München (Fink) 1988
Freund, Winfried: Novelle. Stuttgart (Reclam) 1998 [bes. S. 78–90]
Gönner, Gerhard: Vom »zerspaltenen Herzen« und der »gebrechlichen Einrichtung der Welt«. Versuch einer Phänomenologie der Gewalt bei Kleist. Stuttgart (Metzler) 1989
Horn, Peter: Heinrich von Kleists Erzählungen. Eine Einführung. Königstein/Ts. (Scriptor) 1978
Kreutzer, Hans Joachim: Die dichterische Entwicklung Heinrichs von Kleist. Untersuchungen zu seinen Briefen und zu Chronologie und Aufbau seiner Werke. Berlin (Erich Schmidt) 1968
Moering, Michael: Witz und Ironie in der Prosa Heinrich von Kleists. München (Fink) 1972
Müller-Salget, Klaus: Das Prinzip der Doppeldeutigkeit in Kleists Erzählungen. In: Kleists Aktualität. Neue Aufsätze und Essays 1966–1978. Müller-Seidel, Walter (Hrsg.), S. 166–199. Darmstadt (Wissenschaftliche Buchgesellschaft) 1981 (= Wege der Forschung Bd. 586)
Pfeiffer, Joachim: Die zerbrochenen Bilder. Gestörte Ordnungen im Werk

Heinrich von Kleists. Würzburg
(Königshausen & Neumann) 1989
Schmidt, Jochen: Heinrich von Kleist.
Studien zu seiner poetischen Verfah-
rensweise. Tübingen (Niemeyer)
1974
Schunicht, Manfred: Heinrich von
Kleist. In: Handbuch der deutschen
Erzählung. Polheim, Karl Konrad
(Hrsg.), S. 91–103. Düsseldorf
(Bagel) 1981
Wichmann, Thomas: Heinrich von
Kleist. Stuttgart (Metzler) 1988
(= Sammlung Metzler Bd. 240)

Zum *Erdbeben in Chili*

Heinrich von Kleist. DAS ERDBEBEN IN
CHILI. Erläuterungen und Doku-
mente. Appelt, Hedwig, und Grathoff,
Dirk (Hrsg.). Stuttgart (Reclam) 1986
Bourke, Thomas E.: Vorsehung und Ka-
tastrophe. Voltaires POÈME SUR LE
DÉSASTRE DE LISBONNE und Kleists
ERDBEBEN IN CHILI. In: Klassik und
Moderne. Die Weimarer Klassik als
historisches Ereignis und Herausfor-
derung im kulturgeschichtlichen
Prozeß. Richter, Karl, und Schönert,
Jörg (Hrsg.), S. 228–253. Stuttgart
(Metzler) 1983
Conrady, Karl Otto: Kleists ERDBEBEN
IN CHILI. Ein Interpretationsversuch.
In: Germanisch-Romanische Mo-
natsschrift, N.F., Bd. IV (1954),
S. 185–195
Fink, Gonthier-Louis: Das Motiv der
Rebellion in Kleists Werk im Span-
nungsfeld der Französischen Revolu-
tion und der Napoleonischen Kriege.
In: Kleist-Jahrbuch 1988/89, S. 64–88
Gelus, Marjorie: Josephe und die Män-
ner. Klassen- und Geschlechteriden-
dität in Kleists ERDBEBEN IN CHILI.
In: Kleist-Jahrbuch 1994, S. 118–140
Kunz, Josef: Die Gestaltung des tragi-
schen Geschehens in Kleists ERDBE-
BEN IN CHILI. In: Festschrift für

Christian Wegener, S. 145–170. Hamburg (Christian Wegener) 1963
Ledanff, Susanne: Kleist und die »beste
aller Welten«. DAS ERDBEBEN IN
CHILI – gesehen im Spiegel der
philosophischen und literarischen
Stellungnahmen zur Theodizee im
18. Jahrhundert. In: Kleist-Jahrbuch
1986, S. 125–155
Oellers, Norbert: DAS ERDBEBEN IN
CHILI. In: Kleists Erzählungen. Hin-
derer, Walter (Hrsg.). Stuttgart
(Reclam) 1998, S. 85–110
Schrader, Hans-Jürgen: Spuren Gottes
in den Trümmern der Welt. Zur Be-
deutung biblischer Bilder in Kleists
ERDBEBEN IN CHILI. In: Kleist-Jahr-
buch 1991, S. 34–52
Wellbery, David E. (Hrsg.): Positionen
der Literaturwissenschaft. Acht Mo-
dellanalysen am Beispiel von Kleists
DAS ERDBEBEN IN CHILI. München
(Beck) ²1987
Wiese, Benno von: Heinrich von
Kleist. DAS ERDBEBEN IN CHILI. In:
B. v. W.: Die deutsche Novelle von
Goethe bis Kafka. Interpretationen,
S. 53–70. Düsseldorf (Bagel) 1965
Wittkowski, Wolfgang: Skepsis, No-
blesse, Ironie. Formen des Als-ob in
Kleists ERDBEBEN. In: Euphorion 63
(1969), S. 247–283

Zur *Marquise von O …*

Heinrich von Kleist. DIE MARQUISE
VON O … Erläuterungen und Doku-
mente. Doering, Sabine (Hrsg.).
Stuttgart (Reclam) 1993
Cohn, Dorrit: Kleists MARQUISE VON
O … The problem of knowledge. In:
Monatshefte für deutschen Unter-
richt, deutsche Sprache und Litera-
tur. Vol. CXVII (1975) Nr. 2,
S. 129–144
Fingerhut, Karlheinz: Figurenspiel und
politische Allegorie. Deutungsvari-
anten für den Literaturunterricht zu

Heinrich von Kleist, *Die Marquise von O…* In: Diskussion Deutsch 22 (1991). H. 2, S. 140–162

Graf, Günter: Produktion und Interpretation. Zu einer schülerorientierten Behandlung von Heinrich von Kleists *Die Marquise von O…* In: Diskussion Deutsch 22 (1991). H. 2, S. 163–177

Grathoff, Dirk: Heinrich von Kleist: *Die Marquise von O…* Drei Annäherungsversuche an eine komplexe Textstruktur. In: Interpretationen. Erzählungen und Novellen des 19. Jahrhunderts. Bd. 1, S. 97–131. Stuttgart (Reclam) 1988

Pfeiffer, Joachim: Die wiedergefundene Ordnung. Literaturpsychologische Anmerkungen zu Kleists *Marquise von O…* In: Jahrbuch für Internationale Germanistik Jg. 19 (1987), S. 36–53

Politzer, Heinz: Der Fall der Frau Marquise. Beobachtungen zu Kleists *Marquise von O…* In: Heinrich von Kleist. *Die Marquise von O…* Mit Materialien und Bildern zu dem Film von Eric Rohmer. Berthel, Werner (Hrsg.), S. 55–96. Frankfurt/Main (Insel) 1979

Schmidt, Jochen: *Die Marquise von O…* In: Kleists Erzählungen. Hinderer, Walter (Hrsg.). Stuttgart (Reclam) 1998, S. 67–84

1777 18. Oktober: Bernd Heinrich Wilhelm von Kleist in Frankfurt/Oder geboren als Sohn des Kapitäns Joachim Friedrich von Kleist und seiner zweiten Frau Juliane Ulrike geb. von Pannwitz

1788 18. Juni: Tod des Vaters. Kleist wird zur Erziehung zu dem Prediger S. H. Catel nach Berlin gegeben

1792 Eintritt als Gefreiter-Korporal in das Garderegiment Potsdam

1793 3. Februar: Tod der Mutter

1793–95 Teilnahme am Rheinfeldzug

1797 Beförderung zum Leutnant. Privater Mathematikunterricht. Harzwanderung. Bekanntschaft mit Marie von Kleist

1799 Kleist erhält den beantragten Abschied vom Militär. Beginn eines dreisemestrigen Studiums an der Universität Frankfurt/Oder (Physik, Mathematik, Kulturgeschichte, Naturrecht, Latein)

1800 Anfang: Verlobung mit Wilhelmine von Zenge. Ende August – Ende Oktober: Reise nach Würzburg. Rousseau- und Kant-Lektüre
1. November: Anstellung als Volontär im preußischen Wirtschaftsministerium in Berlin

1801 März: Kant-Krise. Juli – November: Paris. Rousseau- und Montesquieu-Lektüre

1802 Schweizaufenthalt. Plan, ein Landgut zu erwerben. Seit April wohnhaft auf Aare-Insel bei Thun. Mai: Auflösung der Verlobung mit Wilhelmine von Zenge

1803 Januar/Februar: Aufenthalt bei Wieland in Oßmannstedt.

Fußreise nach Bern, Thun, Mailand und Paris. Verbrennung des Guiskard-Manuskripts. Aufbruch ohne Pass nach St. Omer und Boulogne um in die französische Armee einzutreten. Physischer und psychischer Zusammenbruch. Rückkehr nach Deutschland

1804 Genesungsaufenthalt in Mainz. Juni: Berlin

1805 Diätar an der Domänenkammer in Königsberg

1806 August: Ausscheiden aus dem Staatsdienst. Niederlage Preußens gegen Napoleon bei Jena

1807 30. Januar: Verhaftung durch die Franzosen in Berlin. März-Juli: Gefangenschaft auf dem Fort de Joux und in Châlons-sur-Marne

1808 23. Januar: Herausgabe des ersten *Phoebus*-Heftes (mit Adam Müller).
2. März: Missglückte Aufführung des *ZERBROCHENEN KRUGS* durch Goethe in Weimar.
Dezember: Geheime politische Aktivität

1809 Ende Februar: Erscheinen des letzten *Phoebus*-Heftes. Erkrankung. Jahresende in Frankfurt/Oder

1810 10. März: *SONETT* auf den Geburtstag der Königin Luise überreicht
1. Oktober: Die **Berliner Abendblätter** beginnen zu erscheinen

1811 Mitgliedschaft in der »Christlich-Deutschen Tischgesellschaft«. 30. März: Letzte Nummer der *Abendblätter*

21. November: Gemeinsamer Selbstmord mit der krebskranken Henriette Vogel am Kleinen Wannsee

Werke Kleists:

1798 *AUFSATZ, DEN SICHERN WEG DES GLÜCKS ZU FINDEN*
1803 *FAMILIE SCHROFFENSTEIN*
1806 *DER ZERBROCHENE KRUG*
1807 *JERONIMO UND JOSEPHE. EINE SZENE AUS DEM ERDBEBEN ZU CHILI* (später: *DAS ERDBEBEN IN CHILI*)
       AMPHITRYON

1808 *DIE MARQUISE VON O...*
       PENTHESILEA
       DIE HERMANNSSCHLACHT
1809 Politische Schriften und Kriegslyrik
1810 *DAS KÄTHCHEN VON HEILBRONN*
       MICHAEL KOHLHAAS
       DIE HEILIGE CÄCILIE ODER DIE GEWALT DER MUSIK
       DAS BETTELWEIB VON LOCARNO
       ÜBER DAS MARIONETTENTHEATER
1811 *DIE VERLOBUNG IN ST. DOMINGO*
       DER FINDLING
       DER ZWEIKAMPF
       DER PRINZ VON HOMBURG